「報道ステーション」コメンテーター

後藤謙次
守護霊インタビュー
政局を読む

大川隆法

RYUHO OKAWA

まえがき

テレビ朝日の「報道ステーション」メイン・コメンテーター、後藤謙次氏の守護霊インタビューを試みた。

必ずしも朝日系だからというわけではなく、かなり良識とバランス感覚を兼ね備えておられる方とみて、今の政局をどう読むか、本心で伺ってみたかったからである。聴聞した方々は、後藤氏に好感を持ったようだった。

明日九月二十八日は、いよいよ衆議院解散である。北朝鮮の核ミサイル危機が切迫する中、「敵前逃亡解散」「争点隠し解散」といわれているが、後藤氏の守護霊はどう分析するか。また、劇場型政治がお得意の「小池新党」への感想はどうか。幸福実現党へのご意見はどうか。

滅亡の危機を前にお祭りに突入する、この国の政局を読むことにした。

二〇一七年　九月二十七日

幸福の科学グループ創始者兼総裁

幸福実現党創立者兼総裁　大川隆法

「報道ステーション」コメンテーター
後藤謙次 守護霊インタビュー 政局を読む

目次

「報道ステーション」コメンテーター
後藤謙次 守護霊インタビュー　政局を読む

二〇一七年九月二十六日　収録
幸福の科学 特別説法堂にて

「霊言現象」とは、あの世の霊存在の言葉を語り下ろす現象のことをいう。これは高度な悟りを開いた者に特有のものであり、「霊媒現象」（トランス状態になって意識を失い、霊が一方的にしゃべる現象）とは異なる。

また、人間の魂は原則として六人のグループからなり、あの世に残っている「魂のきょうだい」の一人が守護霊を務めている。つまり、守護霊は、実は自分自身の魂の一部である。したがって、「守護霊の霊言」とは、いわば本人の潜在意識にアクセスしたものであり、その内容は、その人が潜在意識で考えていること（本心）と考えてよい。

なお、「霊言」は、あくまでも霊人の意見であり、幸福の科学グループとしての見解と矛盾する内容を含む場合がある点、付記しておきたい。

「報道ステーション」コメンテーター
後藤謙次(ごとうけんじ)　守護霊(しゅごれい)インタビュー　政局を読む

二〇一七年九月二十六日　収録
幸福の科学　特別説法堂(せっぽうどう)にて

後藤謙次（一九四九〜）

ジャーナリスト。東京都出身。早稲田大学法学部卒。一九七三年、共同通信社に入社。自民党クラブキャップ、首相官邸クラブキャップ、政治部長、論説副委員長、編集局長を歴任し、二〇〇七年に退社した後は、フリーで活動を続ける。二〇一六年四月からは、「報道ステーション」にコメンテーターとして出演（月曜〜木曜）。著書に『ドキュメント 平成政治史』（全三巻）などがある。

質問者 ※質問順

綾織次郎（幸福の科学常務理事 兼「ザ・リバティ」編集長 兼 ＨＳＵ講師）

釈量子（幸福実現党党首）

原口実季（ＨＳ政経塾塾長代理）

［役職は収録時点のもの］

1　学者の論よりも勉強になる後藤謙次氏の見識

後藤謙次氏が出始めて安定した「報道ステーション」

大川隆法　今日（二〇一七年九月二十六日）は、「後藤謙次の守護霊メッセージ――政局を読む――」という題で、守護霊霊言を収録したいと思います。

後藤謙次さんについてご存じない方もいらっしゃるかと思いますが、テレビ朝日系の「報道ステーション」で、夜の九時五十五分ぐらいから一時間余り、コメンテーターを務めておられます。この番組は、平日の月曜日から金曜日まで放送しています。

私が番組の宣伝をしてはいけないのですが（笑）、とりあえず、テレビをつけ、その番組を観れば、後藤さんが出ています。

この方はジャーナリスト出身です。共同通信に入り、首相官邸の記者クラブのキャップや論説委員、編集局長などを務めました。今はテレビのほうによく出ておられるようです。

「報道ステーション」は、古舘伊知郎さんがメインキャスターを退任され、若い男女二人でやり始めてからは番組が少し安定感を欠いていました。いろいろなコメンテーターが出ても、「大丈夫かな」という不安な感じがあったのですが、この後藤謙次さんがメイン・コメンテーターとして毎日出始めてからは、軸足が安定した感じになっています。

若い人の場合には答えられないこともあるので、こういうベテランが必要なのかもしれませんが、非常に安定したような印象を私は受けています。

また、古舘さんや、その前任の方（久米宏氏）には、かなり〝毒素〟のある発言がすごく多かったので、この番組を観ると、毎回、〝毒を食う感じ〟がありました。

一方、後藤さんの場合は、人格的に非常に安定しており、温和で学識豊かなところもあって、きつい毒ガスを発射しているような感じはないので、かえってテレ朝（テレビ朝日）の信用性を高めたのではないかと思っています。

本を幾つか書いておられますが、今回持ってきたのは、『ドキュメント 平成政治史』（第1巻「崩壊する55年体制」、第2巻「小泉劇場の時代」、第3巻「幻滅の政権交代」、岩波書店）です。

生の政治の現場で見たものを分析して、きちんと書いておられるので、普通の大学教授が書いている日本政治史に比べると、はるかに内容的にはしっかりしていて、参考資料にもなります。また、身近なところで

『崩壊する 55 年体制（ドキュメント 平成政治史 第 1 巻）』
（後藤謙次著、岩波書店）

政治家を見て感じたことなどがドキュメント風に書いてあるので、極めて勉強になります。

今日はＨＳ政経塾からも質問者が来ていますが、当会の政経塾でも、この本を使って勉強したらよいのではないかと思っています。

安倍首相は北朝鮮問題に「私一人で対処……」と自賛したい？

大川隆法　安倍首相が、ニューヨークの国連総会での演説から帰国してきて昨日（九月二十五日）、記者会見を行いました。ニューヨークにいる間に、もう漏れ伝わってきてはいましたが、衆議院の解散を発表しました。幸福実現党は三県での補欠選挙を考えてはいたのですが、「同じ日に総選挙をする」とのことでした。

今日は九月二十六日ですが、二十八日に解散し、十月二十二日に投開票になるそうです。（前回の総選挙から）三年ぐらいたつので、「最後に追い込まれてから

●ＨＳ（ハッピー・サイエンス）政経塾　大川隆法名誉塾長によって創設された、政治家・企業家を輩出するための社会人教育機関。「人生の大学院」として、理想国家建設のための指導者を養成する。

の解散にならないように」というあたりのタイミングを計(はか)ったのかと思います。

おそらく、今回の国連演説も選挙運動の一環には入っていて、それを全国民にきちんと見せておき、印象をよくしてからの解散ということだと思います。

ただ、安倍首相は国連では演説できるけれども、日本の国会は、北朝鮮(きたちょうせん)問題を議論するにはあまりよろしくない場のようです。「浅い」というか、「軽い」というか、ほかの問題、〝ゴシップネタ〟にばかり時間がかかりすぎるような感じがあるのです。

今回のこの解散も、私から見ると、ある意味で、「国会など、あってもなくても、北朝鮮問題には全然関係がないのだ」というようなことを、安倍首相が裏返しで言っているのではないかという気もします。

「外交は私がやる。北朝鮮問題には私が全部手を打つ。あとは、自衛隊のPAC(パック)―3(スリー)（地対空誘導(ゆうどう)ミサイル）やアメリカの戦い方次第(しだい)です。国会なんか何の役にも立ちません」ということを暗に言っているようにも見えます。「北朝鮮問題については私一人で外交をやった」と言っているように見えなくもないのです。

そのような自賛の部分もあるように感じられます。

2　いかにあるべきか、「解散の大義」

解散の大義として「消費税の使途」は、いかにも小さい話

大川隆法　安倍首相は、今回の解散の大義名分として、消費増税による税収の使い途のことを挙げています。

二〇一九年の十月から、今の八パーセントの消費税率を十パーセントに上げることになっています。それで計算上は五兆円ぐらい増収になるはずです。従来は、「そのうちの一兆円ぐらいを社会保障費に充てる」と言っていたのですが、今回、幼児教育の無償化等に枠を広げて、福祉系のほうにもっと使うようです。半分ぐらい使っていくのでしょうか。

気持ち的には、おそらく、「二パーセント分、消費税率を上げるけれども、一パーセント分ぐらいはお返しします」という感じにし（笑）、「一パーセント分を上げる」というぐらいの心証にしたいのではないかと思います。

ただ、後藤さんがどう言われるかは分かりませんが、私としては「解散の大義名分としては、小さいテーマだったかなあ」という気がします。

「北朝鮮問題で戦争をしてもよいかどうか」ということについて、解散のカードを切って選挙をするのであれば、それなりに迫力はあります。憲法改正の自衛隊条項を入れて、「今回勝ったら憲法改正を行い、自衛隊条項を入れます」という感じで、啖呵を切ってやるのなら、それなりに面白いとは思うのですが、肝心なときにそういうことは言わないのです。それが〝賢い〟のでしょうが。

そして、「防衛大臣と官房長官は選挙期間中も東京を離れないようにします。自分（首相）は離れることはあるけれども」というようなことを言っています。

要するに、「選挙期間中は仕事がない」と言えば、ないのです。自衛隊は今まで（北朝鮮のミサイルを）撃ち落としたことが一度もないので、仕事としては基本的にはないわけです。ただ、「Ｊアラートを流すだけ」ということかと思います。

そういうことで、今は北朝鮮情勢が緊迫しています。

北朝鮮の外務大臣は、「アメリカの大統領が金正恩委員長を『リトル・ロケットマン』と言って挑発しているのは、もうすでに宣戦布告に相当する。北朝鮮の近くの領空外をアメリカのＢ１Ｂ戦略爆撃機が飛んだけれども、領空外であっても、これからは撃ち落としても構わない」というようなことを言っているので、近いうちに何かが起きる可能性はある状態かと思います。

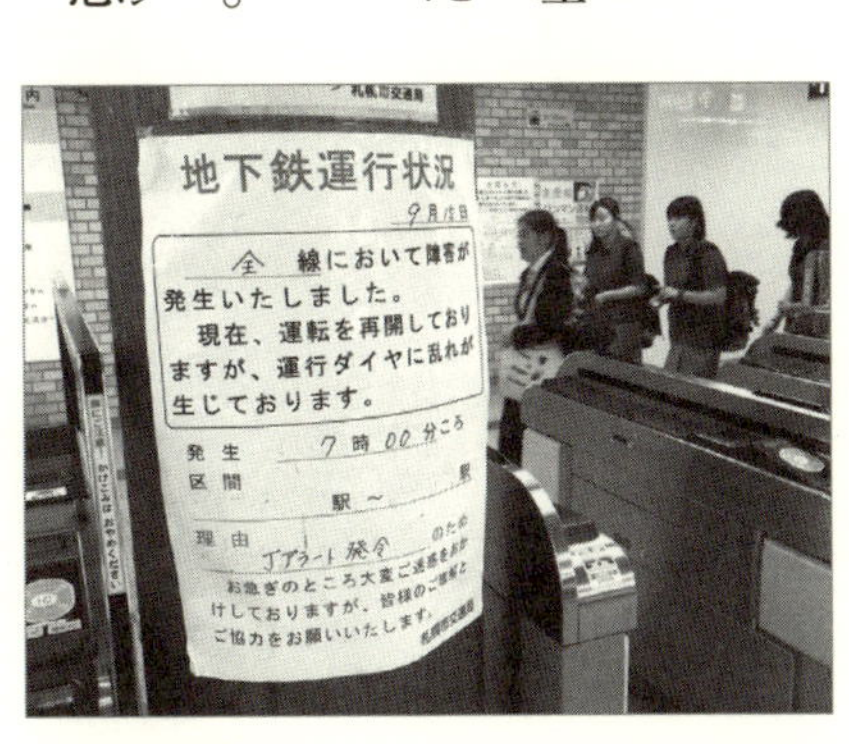

地下鉄駅の改札口に出された、Ｊアラート発令のため、運行ダイヤが乱れていることを知らせる掲示板（2017年９月15日、札幌市中央区の市営地下鉄大通駅）。

このタイミングで国会が空白になることは、「もはや国会で議論をしても無駄だ」という思いも含んでいると思います。

そういう意味では、「全体主義国家に対し、もろい体質であることについて開き直った」というように受け取れますし、〝安倍独裁制〟に入っているのではないかと思います。

第二次安倍政権誕生以降、四年半ぐらいたっていますが、「今回の選挙に与党が勝てば、〝オリンピック越え〟をして、二〇二一年ぐらいまで、もしかしたら政権がもつかもしれない」ということを考えていると思います。「佐藤栄作政権（首相在職七年八カ月）を超える」ということあたりが、本当はいちばんの希望ではないかと見ています。

国連総会終了後の2017年9月25日、アメリカ・ニューヨークのホテル前で記者団の取材に応じる北朝鮮の李容浩外相。

テレ朝の方針の下で語れないその本心を探る

大川隆法　今日は後藤さんの守護霊に訊くので、客観的な「政局の読み」を伺ってみたいと思います。

テレビ朝日は分析や報道の対象にはしていないでしょうけれども、当会は幸福実現党という政党を持っており、活動をしているので、政治の論点を分析しているうちに、何か言うべきところや、攻めるべきポイント等が出てくるのではないかと思います。

テレビ番組に出ている以上、局であるテレビ朝日の方針もありましょうから、後藤さんには必ずしも本心だけで言っているとは思えない部分もあります。今回、そのあたりを守護霊から聞き出せるかもしれませんし、テレビでは報道されない、幸福実現党へのコメント等を頂ける可能性もあるかと思います。

昨日（九月二十五日）は、小池百合子都知事が、安倍首相の記者会見の前に、「希望の党」という新党を立ち上げることを表明しました。勝負師的なところをお見せになったので、これも、どのようになっていくのか、「読み」は「読み」として面白いところはあるかもしれません。

一つの意見として、ある程度、プロとしての意見をお聞きしたいものです。後藤さんは、テレビ局では毎日意見を言える立場にあります。しかし、今回は、まことに申し訳ないのですが、守護霊にこちらへ出張してきていただくかたちになります。

私たちとしても、「情勢分析」と「今後の考え方」、「日本に対する発信」に使えれば幸いかと思っています。したがって、疑問な点や考えを質したい点等について、訊いてみてよいと思います。

ご本人がテレビ番組で言っていることと多少違っていても構いません。テレビ局の方針もあるので、言えることに限界はあるでしょうから、違っていてもおかしくはないと思いますし、それが本人の責任というわけでは必ずしもないのです。
今回の収録は、あくまでも〝宗教政治的リサーチ〟なので、それを聞く人は聞き、ただ参考とするだけなら、それでよいでしょう。また、当方が情報操作をしていると思われる方は、そのようにお思いになっても結構かとは思います。

ジャーナリスト・後藤謙次氏の守護霊を招霊する

大川隆法　では、お呼びしますので、よろしくお願いします。

綾織　よろしくお願いします。

大川隆法　（合掌して）それでは、ジャーナリストの後藤謙次さんの守護霊をお呼びいたします。

私ども、政治活動の一端(いったん)を担(にな)っている者たちに対するご意見、あるいはご示唆(しさ)等を頂ければ幸いかと思っております。

後藤謙次さんの守護霊よ。

後藤謙次さんの守護霊よ。

どうぞ、幸福の科学に降りたまいて、その心の内を明かしたまえ。

よろしくお願いいたします。

（約十秒間の沈黙(ちんもく)）

3　解散の舞台裏――安倍晋三、私の分析①

取材した内容に「ある種の直感」を与える仕事をしている

後藤謙次守護霊　うーん……。ああ。

綾織　こんにちは。

後藤謙次守護霊　はい……、ああ（息を吐く）。（霊言の様子を撮影しているカメラを見て）カメラ、カメラ……。カメラには慣れているけど、こういうカメラは初めてかな。アハハ（笑）。

綾織　衆院の解散は正式には（九月）二十八日ですけれども、今、最もお忙しいなかで……。

後藤謙次守護霊　何か、安倍さんの気分になって、記者会見をしているような……。

綾織　（笑）

後藤謙次守護霊　あら、こんな立場で……。〝逆〟だな。何か変な感じがちょっとしますね。

綾織　おそらく、守護霊様は、いろいろな所を飛び回っているところだと思います。

後藤謙次守護霊　ええ、ええ、ええ、ええ。もちろん、そうです。「直感を与えること」を仕事としてやっていますから。

綾織　なるほど。やはり、いろいろな方に、アドバイスというか、直感を与えていらっしゃるんですね。取材だけではなくて。

後藤謙次守護霊　いや、もちろん、本人（後藤謙次）に対してですけれども。

綾織　ああ、ご本人に。はい、はい。

後藤謙次守護霊　いろいろな人に取材をして回り、集めてくる情報があるじゃないですか。

綾織　はい。

後藤謙次守護霊　そのなかから、「これは正しいんじゃないか」とか、「これはおかしいんじゃないか」とか、そういうひらめきは、やっぱり、ジャーナリストにだってあるでしょう?

綾織　そうですね。

後藤謙次守護霊　そこのところが、仕事の醍醐味だからね。

自民党政権がいちばん情報操作をしたいのは「テレ朝の報道番組」

綾織　（「報道ステーション」は）一時間以上の生放送ですので、「その間に入ってくる情報のうち、何を発信するか」ということは、本当に、一瞬一瞬の勝負になりますね。

後藤謙次守護霊　これは、もしかしたら、ある意味であなたがたにも役に立つことかもしれないけど、歴代の自民党政権はですねえ、「報ステ」というか、テレビ朝日の報道番組を、いちばん気にしていたわけです。古舘さん（がメインキャスター）のときも、ずっとそうでしたよね。

綾織　はい。

後藤謙次守護霊　いちばん気にしているあれ（番組）なんです。これで（選挙に）負けることがあるのでね。

綾織　そうですね。

後藤謙次守護霊　情報操作をいちばんしたいのは、私のいる、この番組なんですよね。

綾織　うん、うん。

後藤謙次守護霊　だから、そういう意味では、「（今回の霊言収録によって）こちらの手の内が分かってしまう」という危険性が、ないわけではないんですけれども。

まあ、お互（たが）い、〝同業〟の部分も一部ありますから、そのへんは、善意に理解しながら進めていこうじゃありませんか。

綾織　なるほど。

後藤謙次守護霊　おたく様だと、（私の発言を）活字にされたりすることもあるんでしょうけれども、かつての「噂（うわさ）の真相」（雑誌）のようなレベルではないでしょう？

綾織　そうですね。

後藤謙次守護霊　もうちょっと良識ある解釈(かいしゃく)をなされるとは思うんですけどね。

綾織　ありがとうございます。

幸福実現党の党首も番組に「出してあげたいが……」

後藤謙次守護霊　ああ、大丈夫(だいじょうぶ)かなあ。私、「会見をする側」っていうのは、ちょっと〝あれ〟なんですねえ。

綾織　たまには、「取材をされる」ということも、いい経験だと思います。

後藤謙次守護霊　まあね。この交流は大事ですよね。お互いにね。

綾織　はい。

後藤謙次守護霊　交流は大事ですね。（幸福実現党の）美人の党首さん（釈量子）もね、そのうち（番組に）出してあげたいと思うんだけど……。

綾織　ああ、そう思われているんですね？

後藤謙次守護霊　出してあげる合意がなかなか取れないのでねえ。

綾織　なるほど。

後藤謙次守護霊　何か事件を起こしてよ、何か。

釈　事件性があるときにだけ登場するかたちになるのも、残念でございまして。

後藤謙次守護霊　みかん箱を積み上げ、その上で絶叫(ぜっきょう)しているうちに転げ落ちたりしてくれたら、そして、それをカメラが撮(と)ったら、呼べるかもしれない(笑)。すみませんね、そんな話で。ごめんなさい。

釈　いえ、今日は本当にありがとうございます。いつも、「報道ステーション」で、本当に安定感のあるお話を頂いている後藤先生の守護霊様に、今日、お話を伺(うかが)えるということで。

後藤謙次守護霊　ああ、「先生」を付けてくれて、ありがとうございました。

釈　本当に感謝しております。

後藤謙次守護霊　いえいえ。

この時期に解散に打って出る安倍首相は「少しせこい」

釈　昨日、安倍首相が衆院の解散を表明され、さらに、「報道ステーション」にお出になられて……。

後藤謙次守護霊　ああ、出ましたね。

釈　いろいろとお話をしておられましたけれども、まず、後藤先生の守護霊様のお考えをお伺いできればと思います。

後藤謙次守護霊　はい、はい。どうぞ、どうぞ。

釈　昨日、後藤先生は、「こういう危機の場合は、むしろ選挙ではなく、与野党党首会談を行って北朝鮮危機に対応するほうが筋ではないか」ということをお話しされていました。

私たちも、「今は解散すべきときなのか」ということについては、「政治的な空白をつくるべきではない」と考えていたところだったのです。

安倍首相が解散に打って出たことを、昨日は鋭く突いておられましたけれども、そのあたりに関して、本音のところは？

後藤謙次守護霊　まあ、おっしゃるとおりなんじゃないですか。「下がっていた支持率が上がり始めて、逆転できそうだ」というので、党利党略から見れば、「今しかない」ということでしょう。麻生さんあたりの意見も受けてのあれでしょうけれども。

ただ、「国難」といっても、これは現在進行形ですからねえ。「今日にも明日にも何があるか分からないような状況にあって、そんなことで浮かれていていいのか」ということはある。

また、それだけじゃなくて、〝天災〟系

台風18号が通過して、泥に覆われた路面（9月18日、大分県津久見市）。

もすごいですよね？　七月、八月、雨や洪水、九月に入っても台風が来る。国民のほうは、けっこう参っている状況です。

こんなときに、「野党のほうにスキャンダルが出たりしたので、支持率が回復したんじゃないか」ということで（衆院の解散に）打って出るのは、大宰相としては、「少しせこい」っていうかねえ。うーん。どうなんですかね。もっとズバッと「大きなテーマ」でいかないと……。

面の皮が厚く、腹もそうとう黒くなってきた安倍首相

釈　安倍首相も、今回の解散に、まさにその「国難」という言葉を付けているのです（「国難突破解散」）。

そもそも、二〇〇九年に、大川隆法総裁が、「国難選挙」ということで幸福実現党を立党されました。「政権選択」ということで、国民が雪崩を打って民主党

政権に投票しそうな衆院選のときに、幸福実現党は全国に三百三十四名もの候補者を擁立して戦い、その後、実際にさまざまな国難が来ているわけです。

「今、ようやくその時期の認識に近づいてきた」というように見るべきなのかどうかは分かりませんけれども、後藤先生は、「国難」というのは、どういうものだとご覧になっていますか。

後藤謙次守護霊　いやあ、「国難選挙」って言うなら、やっぱり、それをメインテーマに掲げて、争点として選挙にもっていかなきゃいけないけど、そういう国難みたいなものは場外乱闘の部分で、国連でやったり、ほかのところで記者に答えたりして、本当の争点は違うところへもっていく。いつもの手ですよね。

　だから、ある意味で、安倍さんの「面の皮の厚さ」、「腹の黒さ」っていうのは、歴代宰相のなかでもかなり突出してきたなと思うところはあるんですけども。

綾織　ほう。なるほど。

後藤謙次守護霊　とうとう日本にも、〝本格的な政治家〟が出てきたんだなと。まあ、〝本格的な政治家〟と言うには、ちょっとおちょくっていますが。いやあ、面の皮がそうとう厚くなってきたよねえ。腹もそうとう黒くなってきた。

綾織　後藤さんは、安倍首相とは会食をされたり……。

後藤謙次守護霊　いや、それはもう、向こうは〝買収〟を兼(か)ねてやってるから、それはやってますけど。

綾織　非常に密接にかかわって交流をされている立場として……。

後藤謙次守護霊　いや、（安倍首相は）田原総一朗さんとだって会食するんですから。

いや、向こうはとにかくね、「ほめてくれなくていいから、悪口を少しでも、一つでも二つでも減らしてもらおう」と、そういう立場でしょう。

綾織　なるほど。その腹の黒さというところで言えば、私たちが知らない部分、見えない部分において、「本当にこの人はひどいな」と思うような話はありますか。

後藤謙次守護霊　いやあ、それはねえ、私も、そんな後ろから回し蹴り(げ)を入れるようなことはしたくはないので、そういうことは言わない。みんなが知ってることでしか言いませんけれども。

4　腹の黒さと〝安倍帝国〟―― 安倍晋三、私の分析②

安倍首相の腹黒さは、海外の悪党型政治家と対峙できるレベル

後藤謙次守護霊　まあ、〝モリカケ（森友・加計）問題〟なんかでもなあ、昔からの友達で、食事だのゴルフだのやってるような人たちと、問題の時期にまで会っていて、学校だとか獣医学部だとか、あんなものの設立について、「頼むよ」と言うようなことがまったくないなんていうのは、国民の七、八割は信じていませんからね。

だから、信じていないのを知った上で、〝お白洲〟でシラを切って、「全然ありえないことです」みたいなことを平気でおっしゃる。

「本当に会っていないんですか？」って訊いても、「ええ。それ以後、会っていません。『李下に冠を正さず』と言いましてね」なんて言って。まあ、あの人（安倍首相）に言われるかと（苦笑）。

「あんたこそ、そういう問題を抱えているところと、食事したりゴルフしたりしたってことが、李下に冠を正すことになるのではないか」という……、まさしくそのとおりなんですよね。

第一期のころから、「お友達内閣」として批判は言われていますけど、それが本当だっていうことが、ここまで明らかにされた。通常の任期が一年ないし二年しかない日本の平成の総理大臣も、本当……、もう一年か二年でコロコロ替わってきましたよね。

それから見ても、そういう人たちだったら、たぶん、〝モリカケ問題〟で辞職してると思いますね。普通なら辞職。まあ、もたない。あれだけやられて、国民の心証も「黒」ですから、はっきり言って。もたないですよ。それが「もつ」っていうのは、どれだけこの皮が厚いかね。顔の皮は厚く、腹は黒くても、平気でやれるっていう。
まあ、「外国の悪党型政治家と本格的に対峙できる人間が日本にも登場した」っていう意味では、こういう危機の時代にはいいことなのかもしれないとは思うんですけどね。あんまり〝小者〟だと、一発で飛んじゃいますからね。

その腹芸で、日本にも安倍帝国をつくりたい。
外国にもそう見えたほうがよい？

綾織　ただ、後藤さん本人も、「解散権の私物化」という言葉を使われていました。

後藤謙次守護霊　ああ。

綾織　解散権だけに限らず、かなり幅広く私物化されているのではないかという危惧があります。

後藤謙次守護霊　今はそうなんじゃないですか。アメリカも〝トランプ王国〟、ロシアも〝プーチン帝国〟、中国で〝習近平帝国〟ができようとして、日本も、安倍一族の〝安倍帝国〟をつくりたいという気持ちは出てますわね。

綾織　はい。

後藤謙次守護霊　で、外国にはそう見えたほうが、確かに強く見えるところもあるので。

綾織　ああ。なるほど。

後藤謙次守護霊　安倍家というか、まあ、岸、佐藤も入ってますけれども、一族で日本を支配しているということであれば、（北朝鮮の）金王朝とか、そんなのにも、「〝安倍王朝〟は意外に力があるかもしらん」というふうに見せる脅し効果は確かにあるし、G7なんかでも古手になりましたからね。だいぶ有名ではあるから、それは一つの財産ではあろうと思うけど。

しかし、まあ、言葉巧みにはぐらかす、あの能力は、マスコミもあきれ返ってはいるんですけどね。

綾織　ああ、そうですか。

後藤謙次守護霊　「これを剝がしたところで、もう醜いものを見せたくないから、こちらも、ある程度言ったら聞き流してやらないといかんのかな」と思ったりするところもあってね。

綾織　ああ、もう、「諦めの境地」に入っていますか（苦笑）。

後藤謙次守護霊　いやあ、「諦めの境地」っていうか、そのまま（政権が）民進党に移ったところで、この国難は大きくなるばかりであることは分かってるから（笑）。もう、それだけでやり切れないっていうか、追及し切れない部分はあるわねえ。

綾織　保守系の方々もそうなんですけれども、「安倍さん以外にはいないんだ」というように、ものすごく積極的に応援するわけではないけれども、「支持をするのは安倍さん」という考え方ですよね。そういう空気のなかで、安倍さんが何をしても、何を私物化してもいいような状態になってしまっていると思います。

後藤謙次守護霊　でも、まあ、去年でしょ？　あのオバマさんと一緒に、広島とハワイでねえ、「核兵器のない世界を」と言って、「平和」とか「和解の力」とか言ってた。

だけど、（アメリカの大統領が）トランプさんになったら、まあ、おたくが勧めたこともあろうけれども、コロッと変わって、同じ人が、今は全然違うことを演じていますから。

その意味では、まあ、「腹黒い」と言っちゃいけないんで、「腹芸がある」と言うべきなのかもしらんけど。

綾織　「腹芸」ですか。

後藤謙次守護霊　腹芸はすごいですね。同一人物ではできないことを、平気でやってますよね。「民主党にも共和党にも、どっちにでも合わせられる」っていうすごさは、すごいですね。

その腹の皮は、アコーディオンのように何重にも……

釈　まさに、今、安倍(あべ)政権は、だんだんと民進党の政策を取り込(こ)み始めています。例えば、当初は、アベノミクスによる成長戦略を目指していたはずが、完全に

「分配型」に変わってしまいました。

今回の選挙でも、争点を完全に潰し、「人づくり革命」だとか「全世代型社会保障」とか、政策をここまで変えてくるかと、私どももびっくりしているところではあります。

このあたりに関して、先生からは、どのように見えておられますか。

後藤謙次守護霊　まあ、お腹の皮がアコーディオンみたいにできてるんだと思う。何重にもできているからね。

釈　アコーディオンというのは？

後藤謙次守護霊　ああ、うん。こう、何重にもあって、伸びたり縮んだり、ビュービューと音を出しながら動くお腹だから、向こうはね。自分の強気で押して勝てると思えば、それでやるし、もう弱いと見たら、野党のほうを〝パクッて〟くるという。

だから、「政策をパクられているのは、別に幸福実現党だけではないんだ。民進党もパクられているし、共産党だってパクられているんだ。みんな平等にパクられているんだから、国民は平等だ。各政党も平等だ」と。まあ、そういうことで、それを、「民意を反映する」という言葉で言うことはできるわけですねえ。

あなたがたは、けっこう単線じゃないですか。ねえ？　グアーンと押し続けるけど、よそからは、もう、よく見えてるからねえ。だから、ああいうふうなアコーディオンみたいに、伸びたり縮んだりする〝蛇腹みたいなお腹〟をしているのを相手にするのは、なかなか大変だわねえ。

5 「選挙の強さ」はどこから来るか――安倍晋三、私の分析③

これからの日本は「安倍首相の独裁政治」になる

そうした〝アコーディオンのような蛇腹のお腹〟で繰り出される政策に、国民が投票し続けてきたところがあるわけですが、メディアのいろいろな力も、今、非常に変化が見られているところかと思います。

そのようななかで、後藤先生も「報ステ」に出ておられますけれども、今、ジャーナリズムのほうは、今後、日本をどのようにしていこうとしているのか、気になるところです。

後藤謙次守護霊　いやあ、結局、〝安倍独裁〟なんですよ。安倍さんの考えだけで日本はもっていくつもりでいるんだけど、あとは、「国民の民意」だとか「マスコミの合意」だとかいうのは、もう、口の応酬とロジック、レトリック？　まあ、そんなものを駆使して、何とか埋め合わせをすればいいのであって、基本的には、〝安倍さんの独裁政治〟だろうとは思いますよ。

自民党の議員も、それについては文句を言えないんだよねえ。過去、選挙にこれだけ強い党首を担いだことはなかったわけなんで。

今、そうねえ、もう本当に憲法改正ができるかもしらんっていうぐらいの議席数を持っていて、これで「過半数を取れれば勝利」とかいう言い方で解散するって、ちょっと信じがたいことには思えるわけだけどねえ。

まあ、「選挙に強い」っていうのは、そうは言っても、みんなにとっては、失業するかどうかがかかってるから、ものすごい大権なんですよね。それを持ってるだけでねえ。

〝モリカケ問題〟で辞任しないのは、そうとう強い

後藤謙次守護霊　だから、滑舌も悪くて言葉もはっきりしない方なのに、なぜか選挙に強いっていう。それは、与党も野党もなく、もう全部を取り込んでしまうような、清濁併せ呑む独特のところがあるんだろうとは思いますけどねえ。

まあ、少なくとも、森友・加計問題で辞職しなかったっていうのは、やっぱり、そうとう強いですよね。奥さんが（相手と）一緒に写真で写ったりなんかしてねえ。それで、名前まで冠してやろうかというような……。あんな問題が出たら、普通はもたないですよねえ。あれでシラッとしてやれるところと、外交にパッと切り替えたりして、そちらに持っていく。

外交になると同行記者がいっぱいいるから、そのへんを上手に、うまく飼い慣

らして、外交などのいい報道を流したりしているうちに、論点が〝すり替わって〟いって、違うように動こうとする。「安倍さんがいなかったら、やっぱりできないんじゃないか」っていう気にさせてくる。このへんはすごいですね。

綾織　外交のところについてお訊きします。

安倍首相と周辺の方々は、「今は北朝鮮に対する制裁が始まっているので、効果が出てくるのは今年いっぱいだ。来年、トランプ大統領が動くだろうから、今しかないのだ」という理屈を立てているのですけれども、実際には、十月にでも事が起こってしまえば、かなりの致命的なダメージになるのではないかと思うのです。

このあたりについては、どのようにご覧になっていますでしょうか。

後藤謙次守護霊　うーん、まあ、そうでしょうねえ。ただ、何だろう？　まあ、任期いっぱいまで衆議院（総選挙）を引っ張った場合、与党は三百議席前後を持っているだろうから、本当に戦争みたいなのが始まったとき、来年の末まで選挙をしなければ、本当に憲法改正ができちゃう可能性もあるわけだから。可能性としてはね。

綾織　はい。

後藤謙次守護霊　だから、そっちが有利な場合もありえるんですけれども。
安倍さんの感じとしては、おそらく、そうした「学園疑惑系での追及がずいぶんあっても、（国民は）まだ信任するか」ということと、それと、北朝鮮関連で国連演説その他、各種外交して、国際包囲網をつくって、圧力を加えると言って、いちおう本人は強気のつもりですから、そういう「外交方針等について信任を得られるか」ということは、一つのテストかなと思っているところもあるだろうし。

6 「消費増税」と深謀遠慮──安倍晋三、私の分析④

恐るべし、日本政治史〝消費税の呪い〟

後藤謙次守護霊　それから、「自分の代で二回も消費税を上げられる」なんていう総理はいませんからねえ。これはすごいことです。〝消費税の呪い〟はすごくてね。

昭和の終わりの竹下（登）内閣のときに、消費税三パーセントを決めたあと、昭和天皇の容態が急変して、二週間ぐらいで亡くなられて、（一九八九年）正月に平成になった。もう、〝消費税の呪い〟のような亡くなり方で、ほぼ〝喪服内閣〟でしたから。

だから、消費税三パーセントにしたときから、「平成」は始まったんですよ。

それで、その「平成」の時代から、ながーい長期停滞が始まった。政治的にも経済的にも、景気もね、停滞が始まって。

で、橋本（龍太郎）さんが、さらに五パーセント上げにしたあと、また景気が崩れて、急速にガタガタになっていった。

まあ、いろいろありましたわねえ。だから、この〝消費税の呪い〟は、平成全体を覆っている問題なんですよ。

綾織　はい。

後藤謙次守護霊　まあ、中曽根（康弘）さんのときとかに、「売上税」と言ったこともあるけど、この消費税、間接税上げをやったら、歴代内閣はみんな、だいたいすぐ辞職。

だから、竹下さんも、法案が通ったら、辞職への道を行きましたけれども、それほど「きついこと」なんですよね。

綾織　はい。

後藤謙次守護霊　だから、ある意味で、（安倍政権は、消費税引き上げを）一回通して、まだこれだけ支持があって、北朝鮮と事を構えるだけの力があって、さらにもう一回、上げてみせると。

まあ、そのシェアについては、少子高齢化対策に、福祉のところのパーセンテージをちょっといじって、財政赤字を黒字化するのは、ちょっと遅れるかもしらんけれども、二回（消費税を）上げてみせると。

これは、もう、日本政治史のなかでは金字塔みたいな感じになって、後の世では、「結果、日本の財政はだんだんに均衡して、よくなったのでした」っていうふうに、「まる」っと変えていただいたら、「歴史に残る大宰相になれる」って、そういう気持ちはあるでしょうね。

綾織　この消費税のところに関しては、まさに「争点隠し」の部分があります。二〇一四年に消費税を上げたわけですけれども、その後、二〇一六年までに、一世帯当たりの年間の消費の平均が、三十数万円も減っています。そして、二〇一六年度の消費税そのものの税収は、前年度比でマイナスになりました。

つまり、「税率を八パーセントに上げても、実は消費税収は減った」ということなので、非常に大きな打撃ではあるんですよね。

後藤謙次守護霊　うーん。

綾織　こういうものを、表にまったく出さずに隠し、二〇一九年秋に消費税を十パーセントに上げるということを前提に進めていってしまっています。これは、本当に怖いです。

二〇一九年消費税上げを「オリンピック景気」で相殺したい安倍首相

後藤謙次守護霊　まあ、「ロジックのすり替え」は、安倍さんの〝いちばんの得意技〟ではありますので。

でも、二〇一九年に消費税上げをしたとしても、二〇二〇年のオリンピックで、「オリンピック景気」が来た場合に、それを〝消せる〟んじゃないかと思っているところはある。たぶん、「読み」としては、そこでいったんガクッときそうになっても、「オリンピック景気」でうまくやれたら乗り越えられて、それと相殺すれば、ちょっとプラスに出るんじゃないかという、そのへんの〝賭け〟はしている。

オリンピック後だったら、それは、やっぱり、またガンと下がりますから。だから、ここで消費税上げのマイナスが出るはずだけど、「オリンピック景気に支えられて、なかったように見えるのではないか」というところ、まあ、そのへんを読んでいる。

それで、自分の任期中は何とか理屈がつくのではないかというところは読んでいるでしょうね。

綾織　そういうことですか。なるほど。

安倍首相の強みは「ナマズやハゼのように生き延びる力」？

釈　その意味では、安倍政権が独裁化し、オリンピック後、二〇二一年以降まで狙っているのではないかという見方もあるのですけれども、逆に、自民党の内部でも、「『安倍さんでは、ちょっと無理じゃないか。次の選挙を戦えないいんじゃないか』と思いながら、加計問題等を見切っていた」というような議員さんもいらっしゃったりします。

そこで、二〇二一年以降もこのまま続くというようにご覧になりますか。

後藤謙次守護霊　まあ、中国とのバランスとか、そういう左翼とのバランスを考えるとね、よかった（谷垣禎一）前幹事長が、ああいう自転車転倒事故で、ねえ？「今回は（衆議院選挙に）出ない」とおっしゃっているし。

次、有力と言われる岸田（文雄）さんでも、外務大臣をやらせたけど、結局、安倍さんが外務大臣をやっているようなものですわねえ。だから、安倍さんが目立って、一人でやってたようなもんなんで。まあ、彼を据えたところで、イニシアチブがそんなに取れるとは思えない。平均的な日本の宰相？　一、二年しかもたないぐらいの宰相にしかならないんじゃないかっていう予感はあるわけですよね。

そういう意味で、「多少毒はあるが、生き延びる力がある」という。まあ、「ナマズのような」というか、「ハゼのような」というか、何か、そういう強みがあるっていうことですかねえ。

綾織　はい。

7　古きよき政治家のスケールと仕事に学ぶべきところとは

週刊誌報道だけで動く政治は「大国の政治」にふさわしくない

綾織　後藤さんは、ある程度、保守的な言論もおっしゃっています。

後藤謙次守護霊　はいはい。そうです。

綾織　安倍(あべ)首相、あるいは安倍政権に対しても、「報道ステーション」のなかでは擁護(ようご)するような部分も比較(ひかく)的ありました。

後藤謙次守護霊　はい。

綾織　けれども、今年に入って五月ごろからでしょうか、かなり厳しく批判を始めています。そのように、若干（じゃっかん）スタンスを変えられた理由は、何から来るのでしょうか。

後藤謙次守護霊　うーん。まあ、私はねえ、政治というのは、できたら、「基本ラインを通せるかどうか」というようなところを大事にしなきゃいけないとは思っているんですよ。

綾織　はい。

後藤謙次守護霊　だから、週刊誌報道なんかでね、スキャンダルみたいなので、次々と、あっちへ動いたり、こっちへ動いたりするでしょう？　自民党が不利になったり、次は民進党が不利になったり。今日なんか、公明党で、何かのスキャンダルで辞職する議員も出てきたりとか。

こんなのでガーッと選挙民が動くような、〝文春砲〟だか何だか知らんけども、〝新潮砲〟か知らんけども、こんな週刊誌報道だけで動くような政治っていうのは、「大国の政治」としてはあまりよくないと思う。

まあ、参考の一部にはしてもいいと思うけど、政党がそれ自体で勝ったり負けたりするような動きは、よくないと思っているんですよ。

後藤謙次氏が安倍政権批判を始めた理由とは

後藤謙次守護霊　ただ、森友・加計問題の場合は、公私混同は当然あるんだろう

●公明党で……　2017年9月26日、公明党の山口那津男代表が記者会見で、同党の長沢広明復興副大臣（参院比例代表）が女性問題により離党したと発表。長沢氏は議員辞職願を提出、復興副大臣も辞任する。

と思っているけども、うーん……、どうですかね。

やっぱり、ゴルフなんかやってるような写真まで撮られて、こう、一緒にやってるような感じの、あれが単なるゴシップものに相当するかどうかということを考えると、まあ、ゴシップというよりは、学生時代から友達だとか、何十年も長く付き合ってるやつを優先してやるみたいなのは……。

ちょっと前はね、それは、角栄さんのころは、そういう、何て言うの？「聞いてやる」っていうことね。もう、斡旋収賄でも何でもなくて、「聞いてやる結果、政治資金を集めて強くなる」というのはね。いろいろ処理してやることが政治家の仕事だったんでね。

（現在は）「それをなくそう」として、いろんなことを細かくやってきて、「陳情」がスッとは通らなくなってきた。もう、〝膠着〟しているのは事実なんですが。「（まだ）そういうのとかが残ってるんだなあ」と。それが「お友達のところだけ残ってる」というあたりのところは、全体的な目から見たら、「ちょっと公平性を欠いているのかな」という感じはある。

で、マスコミが騒ぐから、しかたなくそうなって（膠着して）はいくんだけども、政治家が国民から陳情を聞いて、役所がやってくれないのを、「やってくれないか？」と言ってやること自体は悪いことではなくて、そのために存在しているところはあるんですよ。役所ってのは、ほんとに何にもやらないところなんで。だから、みんな陳情に上がるような角栄さん的なのは、全部駄目っていうわけじゃない。

お金が動いたから、それで「汚い」っていう言い方はあるけども、（角栄は）いっぱい〝風穴を開けた〟ところはあるわね、確かに。トンネルを引いたりね？

綾織　はい。

後藤謙次守護霊　新潟だけは、冬でもトンネルを通って抜けていけるなんて、地元の人にとっては、これはありがたかったでしょうけど。まあ、そういうことができた時代ではあったわね。

だから、政治家が非常に動きにくく、票を集めたり、金を集めたりしにくい時代にはなってきている。それで、クリーンさだけを求めてやれば、結局、何て言うか、「消去法で力のない人だけが残る」みたいな感じになることは、私も、ちょっと残念かなと思っているところもあるんですよ。

まあ、「できたら、大きな国家戦略とか政策で戦ってほしいな」っていう気持ちを、私自身は持っているので。だから、ゴシップネタ、週刊誌ネタみたいなので、あまり左右されないほうがいいという気持ちはある。

ただ、何だろうかねえ、友達の便宜を図ったあたりのところは、「岩盤に穴を開けた」という言い方では、ちょっとフェアでないものがあったのではないかと。それだったら、もっとちゃんと、許認可行政全体の見直しについてやるべきです。

例えばね、四国だけ特別に獣医学部を設けて、ほかのところは設けなかったっていうことについても、どっちも設けてやればいいわけで、「潰れるか発展するか」なんていうのは、もう、それをやろうとしてる企業家の責任だろうと思う。それを言うんだったら、そちらも認めてやれば、それで済むことだからね。だから、「ちょっと、あのへんは苦しいな」っていうところがある。

でも、背景には、北朝鮮リスクもあるが、やっぱり、北朝鮮のおかげで生き残っているという面はあることはあるんで（笑）。ほかに、そんな強気でやれる人はいないんじゃないかっていうところがある。

だから、小池さんが総理大臣になったところで、「（過去に）防衛大臣をやっただろうけど、何もしなかった」っていうんで、稲田さんと変わらないでしょう。

釈　そう見ておられるんですか。

後藤謙次守護霊　うん、だから、変わらないでしょ？

8　この人の〝あざとさ〟はどこから来るか
――小池百合子、私の分析

「小池さんって人は、〝あざとい〟人だねえ」

釈　今、小池新党の動きに、さまざまな人が乗ってきている感じなのですけれども、この政局について、どういうふうに見ておられますか。昨日も「報道ステーション」に小池さんは出ておられましたが。

後藤謙次守護霊　出てもらわなきゃいけないからね。あんまり悪く言うと、出てくれなくなるから（笑）。まあ、そのへんが、こっちも客商売だから、難しいところはあるんですけどね。「テレビに出たら必ず票が減る」とか、「人気が悪くなる」っていうんでは、出てくれなくなるから、まあ、そのへんは難しいんだけど。まあ、この人は〝あざとい人〟だね、小池さんって人は。あざといわねえ。「二回もやる気かな」っていう感じはするね。だから、都政で……。

綾織　「都民ファースト」ですね。

後藤謙次守護霊　「都民ファースト」をやって、（国政では）「日本ファースト」に替(か)えて、（党名を）「希望の党」にするけども、なんか、あざといなあ。

安倍(あべ)さんが解散の記者会見をするっていう前に、上野(うえの)（動物園のパンダ）の香香(シャンシャン)の名付け発表もあったけど、あんなの、都知事がやらないといかんことではない。上野動物園がやりゃあ、それで済むことだから。都知事がやって、あとは次、

「希望の党」でしょう?

「香香」と、「希望の党」と来て、まあ、喧嘩をぶつけてくる。で、争点をつくって、こう……、喧嘩には人が集まるからね。火事と喧嘩は、もう、人が見に来るからね。それで視聴率を上げて、大きく見せて、何か対立があるように、「二大対立」みたいに持っていこうとしてるっていうところでしょうが。

まあ、テレビ局出身だから、そういう考えはあるんだろうけど、〝あざとい女〟だな、これは。これ、言っちゃ怒られるかなあ。

原口 「小池新党は三十議席ぐらいは取るのではないか」という予測も出ていますが。

後藤謙次守護霊 いやあ、本人はもっと取るつもりでいるでしょう。

原口　もっと取る？

後藤謙次守護霊　「もっと取る」つもりでいるでしょう。まだこれからの報道の仕方で掻き回して、竜巻みたいにしていって追い込んでいくつもりでいるから、もっと取る。いや、欲はもっとあると思いますね。三十議席ぐらいでは満足しないでしょう、あの人。

「人気だけでやる」のは民主主義への冒瀆

原口　実際、都政でもまだあまり実績が出せていないようにお見受けしますが、ある種……。

後藤謙次守護霊　だから、これ、博打ですよ。今回失敗したら、もう彼女は、次は芽がないですよ。もう終わりだと。六十五歳ぐらいになったでしょう？　だから、もし、ヒラリーさんがアメリカの大統領になって、女性大統領ブームみたいなのが起きてたらねえ、ちょっと、〝もう少し乗れる〟かもしれないんだけども、いやあ、若干、厳しいあたりかなあ。

まあ、本当に北朝鮮との戦争とかが始まるっていうんだったら、やっぱり、「それでも、安倍さんのほうが安心かな」という気持ちが国民のほうにあるだろうから、思ったほどは勝てないとは思う。

だけど、週刊誌のほうが、すでに、「安倍（首相）の誤算」ということで、大敗するんじゃないかと（予想）。だから、実際上、「安倍続投」かどうかを争点にするっていう感じに持ってくるだろう、小池さんのほうはね。「安倍続投を問う選挙です」っていう感じに持ってくるだろうと思う。

でも、（小池さんの経歴は）防衛相と環境相あたりだったって言うけども、やったことは「クールビズを流行らせたこと」ぐらいと、防衛相では特に見るべきものはなかったとは思うので。

綾織　そうですね。

後藤謙次守護霊　これで、国政全部を人気だけで取るっていうのは、〝もっと危ない政治〟になるんじゃないですか？　これ。

綾織　東京都政でも、実際にはマイナスしか残していないところがあります。

後藤謙次守護霊　いやあ、要らなかったでしょうねえ、はっきり言やあね。だから、もう、「人気だけでやる」っていうのは、民主主義への冒瀆だと思うね。

小池新党を対立軸に仕立て上げて視聴率を狙うマスコミ

後藤謙次守護霊　（前都知事の）舛添（要一）さんのときのマスコミのいじめ方も、ちょっと精神異常を感じるようないじめ方……。細かいよね。「絵本を公費で買ったというのはおかしい。都知事が絵本の勉強をするのか。これは子供用だろうが」っていうような、ねえ？

綾織　はい。

後藤謙次守護霊　あんなのもあったけど、ちょっと、あのあたりはねえ、もう、あんまり細かいところまでやるのはどうかなと、私は思うんですけどね。

綾織　舛添さんのときもそうでしたけれども、マスコミ報道としては、「いったんグーッと持ち上げて、最後にみんなで叩く」ということで、今まさに、小池新党はできるだけ持ち上げるという報道になっております。

後藤謙次守護霊　だから、「内容がいいかどうか」よりは、「視聴率が取れるか」だろう？　喧嘩になると視聴率が取れるので。対立軸になればね。

綾織　うーん。

後藤謙次守護霊　そういう意味で、大きいほどいいわけなんで、「民進党は潰れる危機か！」とかですねえ、あとは、公明党の取り合い？　「どっちが取るか」

みたいな感じで、できるだけ戦闘（せんとう）意欲を盛り立てると視聴率が取れるので、そこにうまく便乗してくるっていうか、そのへんは手慣れてるわなあ、あちらもね。

9 なぜ、勝てない？ ――幸福実現党を分析する

幸福実現党の国政進出を阻む「二つの壁」

釈　そうした、マスコミ、メディアの取り上げ方がまさに「政治権力」であり、大きな影響が働いていると思います。

これからの日本および世界を見た上で、政治の方向性というものを考えたときに、私ども幸福実現党は、世界的な視野を持ち、志を大きくして戦ってきました。しかしながら、マスコミは、「政党要件」など、いろいろな理由をつけてくるわけです。特に、東京近辺のマスコミなどは、なかなか厳しいところがございます。

後藤謙次守護霊　うーん。

釈　報道されないと、存在していないのと同じというような扱いになってしまいますので、マスコミにもうまく取り上げてもらうようにしたいと思っているのですが、チャレンジャーである私たちに対してアドバイスを頂ければありがたいです。

後藤謙次守護霊　まあ、問題は二つあるでしょうね。
一つは、やっぱり、「政教分離」のところ。憲法にいちおう入っているのを、みんな教育で受けてるからね。
だから、宗教が自分の教義に基づいて政治権力を堂々と行使しようとしているということには、やっぱり、「事前に〝水際作戦〟で阻止しておきたい」というのが入っているんだろうと思うので。

この逆のことを、例えば、大学の憲法の先生とかがちゃんとおっしゃって、ずっと言ってくれるんならいいんだけど、あんまりはっきりと、宗教を擁護する側では言ってくれないわね。

だから、基本的には、そう教わったままで考えて、「政教分離がいいんだろう」と思っていて、「それを取り上げすぎると、攻撃を受けるのではないか」、あるいは、「国民からの支持を失うのではないか」っていうようなところで二の足を踏んでいるというのが一つだよね。

もう一つは、今、与党に公明党が入っているけど、いちおう、ここはもう、五十年以上の歴史があるからねえ。「政教分離」といっても、いちおう、かたち上は分離できるように見せてはいるし、公明党に（票を）入れている人も、創価学会とイコールだとは思っていない人もけっこういる。もう五十年以上もやってるから分からないんで、「公明党に入れた」とだけ思っている人もけっこういるんだけど。

創価学会自体は、もう、選挙に勝つためにつくったような宗教団体ではあるんだけども、まあ、そういう、かたち上での「政教分離」は、外側はできているんでね。

これが与党に入っているから、明らかに邪魔してますよ。あなたがたが〝第二の宗教政党〟として国政に入ってこないように、ブロックはしていると思います。取り上げないように、いろんなかたちで各種マスコミにも圧力はかかっているし、実際上、いろんなところで、警察官等も使って見張っておりますからね。

だから、この「二つの壁」が突破できるかどうかというところでしょうね。

釈　汗をかきつつ、その身をさらし、露出もしながら、どんどんどんどん党勢を大きくしていきたいと思っているところです。

幸福の科学と創価学会、ここが大きく違う

釈　ここで、政治家としての資質につきましても、コメントを頂きたいと思います。特に、「これから求められる政治家の資質」についてお教えいただければ幸いです。

後藤謙次守護霊　うーん、幸福実現党絡みで続けて言うとすると、国民やマスコミの感じとしてねえ、大川隆法さんという人は、最初から政治のほうを目指されたら、政治家としてある程度大を成されるぐらいの方であるんじゃないかとは思っているんですよ。たぶんできる方なんだとは思ってるんですけど、神の声が降りてくるようになっちゃったから、これは宗教をやらざるをえないということに

なりますよね。

だから、「影響を与えてもいいんだけど、ズバリの政治家は、やっぱり、難しいんじゃないか」ということになると、今、お弟子さんだけで政党を立てようとやっているわけだけども、このへんが非常にアンビバレンツ（悩ましい）っていうか、難しいところでね。

大川隆法さんが、直接、政治のほうをやるっていうんならば、ある程度できるだろうということは見えるので。まあ、与党っていうのはちょっとあれとしても、ある程度の、「第三極」みたいなのをつくるところまでは行ける可能性があると感じてはいるんだけども。

ただ、それは、先ほど言った「政教一致」になってくるところがあるし、大教団の教祖は、普通は立候補しません。得るものよりは、失うもののほうがはるかに多いのでね。

まあ、ご存じかとは思うけども、政治をやったら、お金は出ていくばかりで入ってきませんので。だから、宗教のほうでお金を集めて、政治のほうで使うっていうのを、創価学会と公明党はそれでやってるわけだけれども、実は、あちらは、宗教のほうとしてやりたいことは別に何もないところなので、政治のあれを〝法戦〟と称してやっているわけです。

　幸福の科学は、宗教としてやりたいことがあるんですよね。持ってらっしゃる。だから、それの実現をしなきゃいけないから、宗教として資金も集めて、同時に宗教活動をやらなきゃいけないし、教えを広げなければいけないという使命がある。その一部のなかに、この政党っていう活動をつくられたから。だから、大川さんが政治に全部特化するっていうことは、やっぱり、かなり厳しいと思う。

　そうすると、今度は、弟子のところで、雇われ政治家みたいに、いろんなものを集めてこられるか、「ほかの政治家を集めてやれるか」っていうと、これまた、教義とか、そういう宗派色がネックになって、そう簡単に独立できない部分はありますわね。お金は、当然、同じ信者から出ているお金ですから。本体のほうにまったく関係のない活動をしたら、それはあっという間に干し上がってしまうでしょうからね。ここが難しいよね。

だから、創価学会のほうは、意外にあれなんですよ。池田大作その人は、経歴から見て、やっぱり、政治家になれるような経歴ではなく、最初から〝闇将軍〟狙いの方ではあったんでね。〝上から糸を引いてやる〟という方であったんだけど、代理でやっていた。

言論とか、書いているものでも、「集めてきた戦力」ですよね。聖教新聞社を経由して人材を集めてきたので、つくって、人にやらせてやっているところがかなりありますからね。

このへんが、「真っ向勝負しているものと、意外に、裏から操作してやっているものとの、外側の見え方がどうか」っていうところの差はあるわねえ。

幸福実現党の「勝ち筋」はどこにあるか

綾織　何となく、幸福の科学についても、それなりにウオッチされている感じがしたのですが、幸福実現党として、今後、大きく成長していきたいと思っています。

そこで、長年政治を見られてきたお立場から、何か、「このあたりに勝ち筋がはっきり見える」といったところはあるのでしょうか。

後藤謙次守護霊　あのねえ、存在価値がないなんて、私は思ってませんよ。だから、報道価値もないとは思ってません。

あなたがたが言ってることは、けっこう立派なことだし、筋が通ってるし、ブレてないし、日本には必要だったことをずっと言っていると思います。

だから、その偏見が邪魔していることは当然ですが、まともな政治家のほうは、「言えば、票が減る」とか「負ける」とか思うと、言わない。しかし、そういうことを、あなたがたは堂々と言えている。

堂々と言えるけど、その反面、宗教っていう〝避難所〟があるから言えている面もあって。まあ、ほかの人は、木から落ちれば、サルも「ただの人」になってしまうようなところもあるので、言えないでいるところを感じているからね。

そういう意味での相殺効果はあるでしょう。

でも、北朝鮮問題とか、それから、「アベノミクスの原型」の部分を出したところあたりは、みんな知ってはいるし、現実に、言論としてはリードしているということは、そのとおりです。

綾織　ええ。

後藤謙次守護霊　あなたがたが言ってくれて、それが砕氷船(さいひょうせん)みたいになって、安倍(あべ)さんが八年も遅(おく)れて、「国難選挙」なんて言ってるという、そんな状態であることは事実だわね。

だから、その意味で、一定の成果はあることはあるし、実際、効果は出てはいるんだけど、「種をまく人と、その収穫(しゅうかく)をする人は別の人」という感じになってるところもあるのかな。

これは、長くやれば……、まあ、五十年ぐらいあれば違(ちが)うかもしれないけど、今、まいてすぐに……、春にまいて、秋に刈(か)り入れるっていうような、そんな簡単にはやらせてくれないというところかね。

「コク」と「キレ」と「怖さ」のある幸福実現党

原口　以前、選挙における「勝利の方程式」ということで、「一番目に知名度、二番目に組織力、三番目に情報発信力」ということをおっしゃっていたと思うのですが、どうすれば、報道する方が「取り上げたいな」という気持ちになるか、というような点などはございますか。

後藤謙次守護霊　でも、根本は、憲法の「政教分離」のところ。あなたがた、憲法改正はそこを入れなきゃいけないんじゃないの？　やっぱり。これがあるから、みんな、二の足を踏んでいるんでね。

「報道したい」という気持ちを持ってる人はいっぱいいるんだけど、「それは、宗教に政治権力を与えることになるんじゃないか」ということで、会議をすると、

「やっぱり、流すのはやめようか」ということで止まる。

過去、いろんな局や、いろんな新聞社、その他、それはもう、いっぱい思ったんだけど、スポーツ紙ぐらいだったら、今、別に、オピニオンというか、国の大勢には特に影響がないから、自由に書けてはいるけど。大手紙や大手のキーステーションあたりになると、やっぱり、そこのところは気にしてるんでしょう。

原口　うーん。

後藤謙次守護霊　結局、その政治報道をすることによって、幸福の科学の信者獲得運動が進んで、ほかの宗教に比べて、すごく優位な立場がつくり出されるのが狙いだとしたら、「その一端を担った」ということになるんでね。

だから、宗教の正邪をはっきりと見分けるほど、報道機関というのは、宗教については精通（せいつう）していないので。それはそれで、普通は宗教の伝道合戦で信者を増やすことで、正当性っていうのは出すべきものでね。やっぱり、「政治運動で、宗教が正当かどうかを見分けるのは、ちょっと難しい」っていう考えが背景にはあるんだと思うんだよな。

原口　はい。

後藤謙次守護霊　だから、個人的なファンっていうのは、かなりいるよ。幸福の科学や幸福実現党ファンっていうのは、そうとういる。なかなか、やっぱり、キレがいいよね。「コク」と「キレ」だよな。昔のビールの宣伝みたいだけど、コクとキレがあるよ。コクもあれば、キレもあるわな。

釈　そうですね。

後藤謙次守護霊　だから、ほんとは面白（おもしろ）いんだけど。面白いけど、でも、バカにすると、何か祟（たた）りもありそうな感じもあるから。批判して、「釈さんのあれがどうのこうの」とか言ったら、そのあと、〝ファクスの嵐（あらし）〟っていうのが、ウワーッと来るかと思うと。

釈　そんなことはないです。

綾織　正当な批判をしていただいていいかと。

後藤謙次守護霊　みんな、怖（こわ）いのよ。怖いのは怖いのよ。

釈　ええ。

10 マスコミ生態の研究――この十年の業績評価は……

民主党政権の失敗で非常に傷ついたマスコミ

釈　ただ、お付き合いさせていただくと、みなさま、口を揃えておっしゃるのは、「会ったら変わる」ということです。「(幸福実現党の候補者と) 会って、いろいろお話しすると全然イメージが変わるんだ」とおっしゃるんです。

後藤謙次守護霊　うん。

釈　特に、メディアの上の方には、そう言ってこられる方も多いんですね。やはり、「個人的には考えは変わっても、報道の体制のところが難しい」というところがあったんですけれども。

後藤謙次守護霊　だから、会議する人たち、みんなが会ってるわけじゃないからね。

釈　ええ。しかし、そういう方々は、そろそろ「引退の時期」も迫ってきておりまして。

後藤謙次守護霊　それは、そうなんですよ。

釈　そういう意味で、オールドメディアになりつつある新聞、あるいはテレビですね。地上波は、いまだにチャンネルが限られています。

後藤謙次守護霊　うーん。

釈　これからメディアの大きな変化が訪れるなか、「ジャーナリズムとしての生き筋」ということも考えなければいけないのではないかと思います。

「本当に時代が真っ暗闇になるなかで、日本人を救う方がいるんだ」ということをマスコミが報じないのは、非常にフェアではないと私は思うんです。

後藤謙次守護霊　でもねえ、例えば、その二〇〇九年の総選挙のとき、幸福実現党が全選挙区に（候補者を）立ててねえ。まあ、三百何十人も立ててやったけど、「それを無視するほうのマスコミも大変だったんだ」っていうことは知ってほしいな。自民党よりも立候補者が多かったんですから。〝最大〟だから。今の小池新党どころじゃない数だから。これ、もし取り上げたら、ほんと、「旋風が起きちゃうのは確実だった」んだけど。

その結果がどうなるかについての、何て言うか、見通しが立ってなかったんでね。取り上げてもいいけど、「ほんとにウワーッと行っちゃったら、どうなるんだろう」っていうところがあって。

で、あのときは、マスコミのなかでは、朝日新聞がほぼ〝幹事社〟みたいなもんで。朝日新聞が構想する民主党政権っていうのを、まあ、いちおう持ち回りみたいなんだけど（笑）、「みんなが支持するかたちで一回やらせてみようか」っていう感じ？　十何年になってたからねえ、民主党もねえ。それで、「やらせてみようか」っていうところに、いきなり幸福実現党が出てきて、民主党をガンガンに批判して出てきた。

だけど、「おお？」「ええ？」って言いながら、「でも、いちおう、ここ（民主党）で決まってるから推そう」っていうことで、「まあ、一回やらせてみようじゃないか」ってなった。

でも、三年やらせた結果が、惨憺たる結果になって、「民進党」に名前を変えたところで人気が回復しない。また、この三年間の「被害度」っていうか、「国民の受けた被害はそうとうあった」っていうことは、ほぼ間違いないから。これ、メディアは失敗したんですよ。

そのとき、二〇〇九年の選挙前に、「民主党は駄目だ」と言い切っていたのが幸福実現党だったんで、「幸福実現党が言っていたとおりになった」っていうことに対する、朝日新聞やテレ朝をはじめとする、その他〝メディアの傷つき方〟は、ほんとは半端ではない傷つき方ですよ。

綾織　ほう。

後藤謙次守護霊　いやあ、自分らも〝予言者〟ですから。要するに、「言って、間違えた」っていうことに対する反作用をいかに小さく押しとどめて営業を続けるかっていうことが極めて大事。でも、朝日の部数はどんどん減っていってます、実際上ね。

だから、知ってる。すごいダメージを受けてるんですよ。「自分らが進めたものが失敗して、それを批判したほうが正しかった」っていうことに対するダメージを受けている。

北朝鮮だって、そらあ、ＮＨＫさんも、その他も、なるべく友好を損ねないように、「謎の飛翔体」と言ったり、「人工衛星」と言ったり、いろんなことを言ってた。だけど、幸福実現党だけは、「これは、核ミサイルへの道だ」ということで徹底的に批判していたよね。

それに、自民党のほうも、田母神（俊雄）さんをねえ、論文に応募したってことで、麻生さんがクビにしたりした。要するに、「国の防衛のことについて正論を吐いたらクビにする」みたいな感じのね、そういう選挙対策だけで考えてるようなあれだったから。

それで君たちは立ち上がったんだろうけど、これも、その八年後を見たら、もうおっしゃるとおりで、「あなたがたのが正論だった」ということが分かってる。

マスコミ内の世代交代について

後藤謙次守護霊　だから、これについて、逆のことを言ったマスコミが傷ついていないと思うなら、あなたがたも認識不足で、十分傷ついているんですよ。その傷ついた人たちは今、〝引退〟に追い込まれようとしてきてるんで。ほんとにそうで、あんた（釈）の言うとおりなんで。

その傷ついた人たちは、主として私の年齢前後の人たちなんですよ。もう、みんな引退に追い込まれようとしているわけで。だから、十年たてば世代が代わりますのでね。新しい人たちは、その上の人たちが間違ってきたことを見てきている人たちなので。

これから、「宗教ということは離れても、政治的に言っている内容が正しくて、ついていくべき考え方を持っているというなら、それを吟味すべきだ」っていう考えは出ると思うんですよ。

ヨーロッパとかでは、宗教政党がねえ、キリスト教民主同盟とかいろいろありますから。あったって、おかしくはないんですよ。「思想・信条の自由」「言論の自由」から言えば、あってもいいんだけど。ただ、それが新宗教だからということで、新宗教はすぐ「カルトだ」と思うような、そういうメディアもいっぱいあるから、週刊誌等ではね。それで用心したところもあるんだろうけど、だいたい分かってきつつはあるので。

まあ、どこまで乃木将軍みたいに、〝死体〟を二〇三高地まで埋めなきゃいけないのか、ちょっとそれは私も分からないんだけど。だけど、「道がないわけではない」と思うよ。

マスコミが国民に見捨てられるとき

綾織　マスコミが、その反省に立つのであれば、安倍首相が「この選挙で北朝鮮問題について問う」とおっしゃっているわけですよね。

後藤謙次守護霊　うん、うん、うん。

綾織　でも、そこで「憲法の改正」も主張していないですし、「巡航ミサイルを持たないといけない」とかいう話もない。

後藤謙次守護霊　言えないよね。言えない。

綾織　だから、安倍首相の「争点の立て方」が、やはり、私たちから見ると不十分なんです。

後藤謙次守護霊　やっぱり、マスコミの〝口〟はそれだけ怖いんだよ。〝ミサイル〟を撃ちまくってるから、マスコミのほうもね。

綾織　だから、逆に、マスコミがその反省に立って、「本当の争点」というのを設定してほしいと思うんですよね。

後藤謙次守護霊　それだって、『緊急守護霊インタビュー 金正恩 vs. ドナルド・トランプ』（幸福の科学出版刊）の守護霊霊言なんか、首相官邸からマスコミ、アメリカまで、みんな読んでるよ。影響を受けて、「ああ、これが本心なんだ」みたいな感じで、いちおう水面下では動いてはいるんで。

綾織　はい。トランプ大統領の国連演説も、守護霊霊言そのままの内容でした。

『緊急守護霊インタビュー 金正恩 vs. ドナルド・トランプ』（8月29日収録、幸福の科学出版刊）のなかで、トランプ氏守護霊は「北朝鮮という国全体を完全に破壊し尽くす」と語った。同様に、トランプ大統領は2017年9月19日の国連総会演説で、「北朝鮮を完全に破壊する」と述べた（上写真）。

後藤謙次守護霊　そう、そう、そう（笑）、絶対そうだよ。だから、「正しいんだ」と思えば、それで自信を持って言えるから。

ただ、マスコミ対策で失敗して生き残れた人は、今までいないのでね。そのへんは、そんなに強くはない。まあ、（安倍首相は）抱き込むのはうまい人ではあるんだけど、なるべく、生の言葉ではっきり言いすぎないようにして抱き込んでいくタイプなんで。

だから、幸福実現党系から発射している〝ミサイル〟が、けっこうマスコミに対して発射しているから、これは、政治のプロから見れば、「ああ、当選したくないんだなあ」と、こういうふうに見えることは見えるわけよ（笑）。

綾織　でも、その流れでいくと、マスコミも国民からどこかで見捨てられることになります。

後藤謙次守護霊　そうだよ。そのとおりだ。そのとおり。だから減ってる、今、部数がね。新聞の部数が減ってるし、テレビも、今、インターネット系のいろんなものがいっぱい増えてきているから、テレビのほうも、危ないのは危ないんですよ。

マスコミは、レジーム（政治体制）を崩壊（ほうかい）させる傾向（けいこう）がある

釈　実際、トランプ大統領の支持者は、「マスコミは嘘（うそ）を言っている」という考えです。

後藤謙次守護霊　うん、そう、そう、そう、そう。

釈　また、今、日本の危機を感じている方々のなかにも、「マスコミはやっぱり嘘を言っている」と感じていらっしゃる方が増えているのは、すごく感じております。

後藤謙次守護霊　ＣＮＮみたいに世界最大規模と言われるようなテレビ局でも、「フェイクニュース（虚偽報道）」って、堂々と（トランプ）大統領が言って、逆風をついて当選して、いまだに言い続けていますが。「ツイッターだけで戦ってる」っていう、恐るべき状況が出てますわねえ。

でも、あの人も勇気があって、正論を言う人ではあるから、マスコミがどう言おうと、自分の考えどおり言うでしょう。だから、最初はマスコミに迎合しないから人気が出ないんだけども。

オバマさんとかは、「マスコミ迎合型」の、けっこうマスコミが喜ぶようなことを一生懸命発信していましたわね。

だけど、マスコミっていうのは基本的に、〝崩壊させる傾向〟があるんですよ。その政治体制、レジームを崩壊させる機能を持ってる。〝腐敗菌〟みたいなところが、かなりあるので。だから、それをずーっとやっていくと、政治権力が落ちてくるんですよね。

それをはっきり認識している大統領が出てきて、戦ってて。まあ、おそらく、戦争？　あの性格から見て、金正恩の股くぐりはしないと思いますねえ。〝ゴキブリ〟だと思ってると思いますから、「叩き潰す」っていうのは、「やる」とは思いますけどね。

釈　「報ステ」のほうでは、「あまり、トランプ大統領が刺激しないように」というようなお話をされていましたが。

後藤謙次守護霊　いや、それは〝局の方針〟だから（笑）。

釈　（笑）ああ、そうなんですか。

後藤謙次守護霊　局の方針なもんで、すみません。「幸福実現ＮＥＷＳ」に出るんだったら、「やったほうがいいですよ」って言うと思います。

11 政治ジャーナリズムが追究すべき政治的真理とは

「内心の焦り」から来る小池氏の「傾向性」とは

釈　幸福実現党のスタンスとして、今まで、非常に「右」に見えていたところもあるかもしれませんが、実際、消費税の減税だとか、あるいは、自由に対する規制に対しては、かなり声を上げているところもあります。

後藤謙次守護霊　うーん。

釈　また、独裁的な体質については、非常に嫌っています。

後藤謙次守護霊　うん。

釈　そういう意味で、清水幾太郎先生などのですねえ……。

後藤謙次守護霊　ああ、はい、はい、はい。

釈　おっしゃっておられるようなスタンスと言いますか、右でも左でもなく、「何が、この国にとって真理なのか」というあたりを訴えていっているつもりではあるんですけれども（『戦後保守言論界のリーダー　清水幾太郎の新霊言』〔幸福の科学出版刊〕参照）。

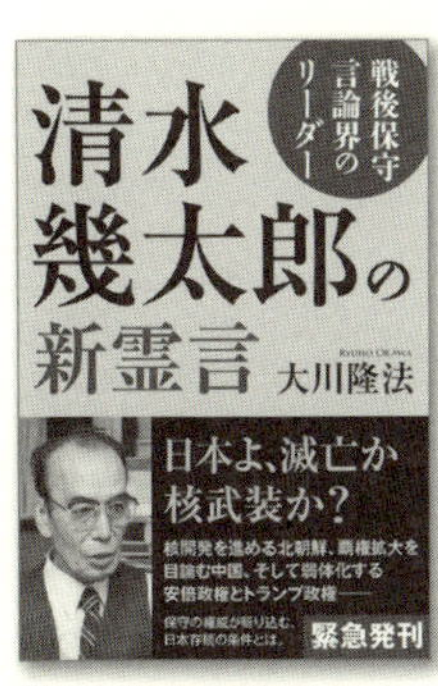

『戦後保守言論界のリーダー　清水幾太郎の新霊言』（幸福の科学出版刊）

例えば、そうなると、小池新党なんかは……。

後藤謙次守護霊　ああー……（ため息）。

釈　「改革保守」ということで、非常にうまい打ち出しをしているようには見えます。

こういう、スタンスでカテゴライズされる政局のなかで、幸福実現党はマスコミからどう見えているのか、また、どういうふうに戦っていけばよいのかというところを教えていただければと思います。

後藤謙次守護霊　まあ、小池さんなんかだったら、そらあ、「安倍一強体制を崩壊させる。政権を終わらせる」っていうのを〝錦の御旗〟にするのと、あと、

「原発反対勢力のほうを取り込む」っていうことだから。

実は、「保守」と、革新側っていうか「左翼」系だよね。原発反対のほうで結集しているのは左翼系で、保守系の人は、その意見が強かったら、ある程度、「そのうち原発をなくす」と言いつつ、時間を稼いでいるうちに、「また、世論が変わらないかな」って様子を見ながら時間を取っているのが現実ですよね。

だけど、「なくす」と言わないと勝てないから、「なくす」と言っているけど、「二十年か三十年している間に、また変わるんじゃないか」と思ってる。

だから、小池さんが今の時点でね、「原発全廃」のことを、環境問題で絡めて言ってくるんだったら、やっぱり「北朝鮮問題と真摯には向き合っていない」と言わざるをえないんじゃないでしょうかねえ。

だから、「原発をなくす」っていうことはですよ、日本が備蓄しているウラン（プルトニウム）とか、こんなものも結局要らなくなるっていうことになるわけでしょうから。つまり、「日本が核兵器をつくれないような状態に持っていく」ということになるわけだから、それは、「改革保守」とか言っても、ちょっと信用しがたいところがありますわね。

もう、自分の年齢は……。まあ、あなた（釈）はまだ二十年はやれるでしょうけど、彼女（小池氏）は本当に都知事一期と、あと国会議員に返り咲いて、総理までできるかもしれないというあたりで。どれだけ〝化粧術〟が発展するかによって、政治生命の延長を図れるかもしらんけど。やっぱり、ヒラリーさんも厳しかったけど、七十っていうのは、まあ、女性の政治家として人気を得るには、けっこう限度はあることはあるわねえ。

だから、今は、ちょっと銀座のママみたいな顔をしてはいますけど、まあ、もって数年ではあるから、焦ってはいる。すごく焦っているので。人気を取れるものは〝何でも食いつく〟っていう状態だろうと思いますね。

「正論を言うこと」が実は国防になる

後藤謙次守護霊　ただ、あなたがたは、勇気あるよなあ。「原発をゼロにしよう」ってみんな言ってるときに、「原発は必要です」って言うし、自民党も言えないのに、「核ミサイルの開発を」って（笑）、ほんとに「玉砕しても構わない」っていう感じに見えるねえ。これ、イスラム教じゃない？　ほとんど。

綾織　いえいえいえ。本当に突き詰めて、何が必要かを考えると、どうしても、そういう主張になります。

後藤謙次守護霊　いや、そういう意見はねえ、やっぱり出るべきだと思いますよ。あってしかるべきで、そういう意見が出ることが、ある意味での「国防」にもなるんですよ。「日本だって変わるかもしれないよ」っていうことを見せることがね。

今までも、憲法九条に縛られて、日本は何もできないとだけ見ていて、甘く見てるんでしょう? 北朝鮮だって、日本なんか相手にしていないですよ。まあ、「アメリカと対等のパワーバランス」って、かつてのソ連じゃないですか、これやったのね。「バランス・オブ・パワー」でもってアメリカと対抗する」って言ってるんだから、日本なんか完全に頭越しにされてるわ。

だけど、日本がこれでねえ、「核ミサイルでも持つかもしらん」って言ったら、経済力から見れば、それは北朝鮮なんかじゃ相手になりませんから。本気になったら勝てないですよね。本気で日本が核装備して、「北朝鮮攻撃も辞さない」ってやられたら、それは、「アメリカと互角の戦いをする」と言っているけど、日本とだってできるかどうかは、これは分からないですよね。科学技術は、けっこう日本も発展していますからねえ。だから、国策を変えれば、「（核装備は）ある」から。

まあ、現実にあなたがたが政党として議席が取れないから、国政で実現はなかなかしないことではあろうとは思うけれども。でも、そういうことを言っているところが、ヨーロッパでも、右寄りの党はけっこう、今、躍進してきておりますからねえ（注。ドイツで九月二十四日に行われた連邦議会（下院）選挙において、反難民、反ユーロなどを唱える極右政党「ドイツのための選択肢」が九十四議席を獲得。初の議席獲得で第三党に躍進した）。

あってもおかしくないし、これ自体が「抑止力」ではあるよね。

もし、ほんとに、（北朝鮮が）「核兵器で日本を潰す」という脅しを本格的にかけてきたときにどうするかといっても、マスコミは、自分では何一つつくれない。新聞とかニュース以外はつくれないから。

いや、幸福実現党のニュースをそこで急に増やし始めたら、抑止力になるんですよ。いちおう、それを考えている人はいる。だけど、「まだ今、そんな全面的に出すのは、あれかなあ」、「小池新党ぐらいのほうが視聴率を取れるかな」と思っている。

でも、もし万一、金正恩が日本を本格的に脅し上げるという状態になってきて、安倍さんがまたモゴモゴと訳の分からんことを言って、菅さんが、「厳重な、いちばん厳しい言葉で非難する」とばかり言っていて、「もう、これはどうにもならない」とみんなが思ったら、幸福実現党のところを、ちょっと〝蓋〟を開けて流し始める。

そうしたら十分に抑止力になって、北朝鮮も韓国もそれを知るようになるわねえ。

幸福実現党に感じる吉田松陰的「すごみ」

釈　今、「時代が必ずついてくる」、あるいは、「時代のなかで必要とされるときが必ず来る」という確信で戦っております。

後藤謙次守護霊　いや、すごいですよ、やっぱり。去年ぐらいじゃないですか、（大川総裁が）「核ミサイルを準備するべき」とか言ったの。

釈　はい。

後藤謙次守護霊　今年かな？　去年かなあ。

綾織　昨年の初めのあたりから、正式には言っていま す（『世界を導く日本の正義』〔幸福の科学出版刊〕参照）。

『世界を導く日本の正義』（幸福の科学出版刊）

後藤謙次守護霊　そうだよねえ。で、自民党のほうにも、ドドッと〝どよめき〟が行っていましたから。

いやあ、すごい。すごいね。

綾織　ある意味、今年の状況を予測して言っています。

後藤謙次守護霊　今見れば、実はそうだよね。(核ミサイルを)持っていたら、そんなに〝ビビる〟ことは何もないもんね。

綾織　はい。

後藤謙次守護霊　これから、避難ばっかりの訓練をするっていうのも、これまた、

〝きつい話〟ですからねえ。どこに避難するかっていうのはねえ（苦笑）。

綾織　やっぱり、自民党は、安倍さんのそういう腹芸の世界で何とかもっているわけですけれども、実際には、私たちから見ると、そんなに未来があるわけではないというふうに思っています。

また、マスコミからも、実際にいろんな人材を見て、「本当に大丈夫なのかな」という気持ちはあると思うんです。

後藤謙次守護霊　うん、うん、うん。

綾織　実際、政界全体に影響力を持っていて、国民にも影響を与えられるマスコミとして、これからの政治、政界を、どういうふうにしていきたいと考えていますか。

後藤謙次守護霊　はあー（ため息）。まあ、安倍さんの〝意味不明の言葉〟を解釈したり、分析したりするのは、マスコミの仕事だし、菅さんの、ツルンとして、取り付く島のないような〝役所言葉〟みたいなのも、これまた解読するのも仕事だしね。あの幹事長の、ナマズか何かみたいな感じの、のらっとした、〝ヌメヌメ感〟を何とかしのぎながら、本音を探ってやらなきゃいけなくて、こんなもんを解釈するのもマスコミの仕事なんで。

だけど、あなたがたの（言葉）は、ほとんど解釈の余地がないレベルで情報発信されているので。もう、ほとんど、何て言うのかなあ、〝ロックオンされたミサイル〟みたいなもんで（笑）。もう撃ってるところ、はっきり分かってるから。「マスコミの仕事を不要にする仕事」であることは確実ではあるんですけどね。

綾織　いえいえいえ。やっぱり本来であれば、それを世界に伝えるのがマスコミの役割ですよね。「日本が何を考えているのか」、「日本のリーダーが何を今、考え、発信しているのか」という、ここの部分です。いくらでも仕事はあると思います。

後藤謙次守護霊　まあ、でも、基本はあれでしょ、「吉田松陰精神」なんでしょ。だから、自分が栄達を得ようとか、名利を得ようとか、そんなの思っていないでしょう？　国にとって結果がよければ、よいということで、「まず決起して、模範を示して、あとに続け」ということであろうから。

それで、君たちは負け続けているんだろうけど、これは、これなりに、それなりの〝すごみ〟があるよ。だいたい平均五回ぐらいは落ちてるんじゃないの？

みなさん。これ、すごみがあるよ。普通はもたないですわ。党名を変えたりして、またいろいろするんです、普通はね。ほかのところにまた流れ込んだり、いろいろするんで。

綾織　そうですね。

後藤謙次守護霊　いや、けっこう〝すごみ〟はあるよ。

釈　そろそろ、そういう意味での「尊敬の思いは感じなくもない」とか、ちょっとそんなお声も頂くようなこともあります。

後藤謙次守護霊　いや、あなたも〝すごみ〟があるよ。

釈　いやいや、とんでもございません。

後藤謙次守護霊　いやあ、すごいですよ。

「ソクラテスなんかがジャーナリズムの始まり」

釈　まあ、いろいろお話を伺ってきたんですけれども、母体の幸福の科学のほうでは、ＨＳＵ（ハッピー・サイエンス・ユニバーシティ）にジャーナリズムのコース（政治・ジャーナリズム専攻コース）もあってですね。

後藤謙次守護霊　ああ、そうですか。

釈　その方々のほうからも、「新しいジャーナリズムを目指したい」という声も頂いています。

霊界には、二〇〇八年に亡くなられた筑紫哲也さんとかもいらっしゃったりします（『筑紫哲也の大回心』〔幸福実現党刊〕参照）。

後藤謙次守護霊　ああ、ああ。

釈　霊界にも、そういうジャーナリズムの世界というのがあるんでしょうか。

後藤謙次守護霊　うーん、まあ、歴史が浅いんでね。まだそんなに歴史がなくて、ジャーナリストっていうのも「今世、初めて」っていう人が多いことは多いので。初めての職業として出てきたものであるので、霊界がそれほど出来上がってはいない。戦後霊界ぐらいしか、ほとんどないのでねえ。そんなに大立者みたいなのがいるわけではない。

あえて言うとしたら、ソクラテスなんかが「ジャーナリズムの始まり」と言えば、そういうねえ。

釈　「週刊誌的人間」ということですね。

後藤謙次守護霊　やっぱり、ディベートして批判していくでしょう。既成勢力を批判して、ディベートして。まあ、死刑にされたけどね。

だから、「宗教」と「哲学」と「ジャーナリズム」を併せ持っているようなところはあるかなあ。まあ、ソクラテス的なところあたりが、〝教祖〟と言やあ〝教祖〟に当たるのかもしれないとは思うんだけどねえ。

ただ、あなたがたの〝すごさ〟は、だんだん、あとになるほど、ずしっと響(ひび)いてはきていますよ。

昔のマスコミには、もう少し「情け」があった

後藤謙次守護霊　今、あんただって言ってるとおりで、週刊誌程度のゴシップのを追いかけてねえ、潜(ひそ)んでいて、ゴシップで政局を動かすみたいなので、〝○○砲(ほう)〟とかって言ってる感じだけど。

まあ、私どもも長いからね。昔のも知っているんだけど。昔のジャーナリストっていうのは、例えば、政治家がね……。まあ、みんな、東京選出だったら自宅でいられるけど、東京では連続当選がなかなかできないから、地方から出てやっているので。

だから、奥(おく)さんと子供らが地方のほうにいて、東京で単身赴任(ふにん)してて、「金帰(きんき)

月来（げつらい）」といって、金曜日に帰って月曜日に戻（もど）って来る。「地元には週末だけ帰って」っていうスタイルだったから。それで、東京でそのお世話をする人も要るだろうと思って、そらあ、有力政治家とかが愛人ぐらい抱（かか）えていてもさ、みんな知ってたよ。

左翼も右翼も知らんけど……、まあ、右翼があったかどうか知らんが、ジャーナリズムはみんな知ってたよ。「誰（だれ）が誰にお世話してもらってる」ぐらい知ってたけど。でも、情けがあってね。「そらあ、たいへん不自由してるだろうよ」と。例えば、「あの栃木（とちぎ）の〝おじさん〟は、自分で青汁（あおじる）をつくって朝飲んでるんだって」みたいな感じのことを、みんな知っているわけだから。ちょっとかわいそうだなと思った。健康問題とか、いろいろあるからね。

あとは、「服は何を着るか」とか、いろいろあるから。まあ、「お世話する人が要るだろうな」ぐらいの〝武士の情け〟はみんな持ってたんだよ、当時は。朝日系でも持ってたんだ。

だから、「よっぽど、その政治のなかに、何かでたらめがあったときに合わせて〝刺す〟」ということはあったんだけど。そんなときだけで、全部は、やらない。

「角さんの愛人」なんて、もういくらいたか、そんなの分からないですよ。でも、知ってたよ。みんな知ってたよ。「平日、赤坂で、昼間から料亭に上がってお茶漬けを食べては、愛人さんを取っ替え引っ替え遊んでた」ぐらいのことは、みんな知っていたけれども。

だけど、そういうことで全部は判断しないで、「やる仕事は、どうか」っていうことでね。やっぱり、「日本列島改造論」には賛成する者は多かったけど、そのあと〝副作用〟で、けっこうね、石油危機や物価高騰とかが、いろいろ起きたから。「これは、政治家としては、このまま続投は相成らんな」と思えば、やっぱり引き降ろされたけど。お金を配ってるのも、みんな知ってたけど、黙ってた。

だから、昔のマスコミは、もうちょっと〝情けがあった〟んですけど。今のマスコミは、〝形而上学〟っていうか、頭のほうで考えるものについては弱くて、〝形而下〟っていうか、お腹、へそから下のことのほうには、すごい関心があって。「それを出せば、もう〝錦の御旗〟になっちゃう」みたいなの、これはレベルが低いな。はっきり言って、ちょっと悲しいものがあると思うな。

それだけで全人格を否定してくるような感じがあるけど、決して、日本国憲法にも、そういうことは書いてないし（笑）。宗教的に言えば、それは、キリスト教なんかのほうは厳しいところもあるのかもしらんけど、日本的文化だと、平安時代を研究すれば、そんなもの（笑）、全然、問題に……。貴族政治は、もう、そんなものは何も言わないあれですから。まあ、異議は若干あるんだろうと思うんだけどね。

ただ、もうちょっと、本筋が議論できない政治家（が増えた）っていうか、ブルドーザーみたいにやってのける人があまりいなくなって。そういう意味で、〝歯ごたえ〟がなくなってきてること自体は事実だわねえ。

12 後藤謙次氏の過去世について

過去世は「儒学者」だった

綾織　先ほど、「ジャーナリストは、今世初めての人が多い」というお話がありましたが、守護霊様ご自身も、以前はジャーナリストではないと思います。おそらく、過去世を認識されているのではないかという雰囲気もありますので、お訊きしたいのですけれども。

後藤謙次守護霊　それは、学者みたいなものかな。

綾織　あっ、学者ですか。

後藤謙次守護霊　うーん。まあ、儒学者だね。

綾織　あっ、儒学者。それは江戸時代ですか。

後藤謙次守護霊　もう、あなたがた、すぐ有名な人を出してくるから。

綾織　いえ、いえ。

後藤謙次守護霊　そういうのは言わない。もう儒学者なんて、何千人もいたんだって（笑）。

綾織　はい。

後藤謙次守護霊　だから、まあ、「儒学者だった」というぐらいで、いいんじゃないかな。そんな大立者(おおだてもの)じゃないよ、そんなものはね。

綾織　いえ、いえ、いえ。

後藤謙次守護霊　私なんか、死んで十年もしたら、もう、みんな忘れてるから。

綾織　いえ、いえ。

後藤謙次守護霊　私の本も、古本屋を探すのでも精一杯になるから。そんな大したことないから。
まあ、あなたの名前は遺るかもしれない。

綾織　いえ、いえ。そんなことはないです（苦笑）。

後藤謙次守護霊　あなたは不滅かもしらんけど。まあ、ちゃんと、志を継いで頑張ってくださいよ。

綾織　ありがとうございます。

「私自身は、けっこういろいろな方面の人と付き合いはある」

綾織　「ご自身が（霊界で）よく話をされる方」というのは、どういった方でしょうか。

後藤謙次守護霊　ヘッヘッヘッヘッ（笑）。いろいろあるんですねえ、〝調べ〟が（笑）。うーん！

綾織　「どういったグループなのかな」というのは、少し知りたいです。

後藤謙次守護霊　いや、「ジャーナリストが調べられる」っていうのは、ちょっとあれですねえ。

綾織　先ほど、筑紫（哲也）さんというお名前が出ました。

後藤謙次守護霊　ああ……。まあ、まあ、まあ、それは最近の方もね、あの世に還っていますし、明治あたりは、新聞人も、ちょっとはいるし。

綾織　なるほど。

後藤謙次守護霊　あとは、言論をね、いろいろと立てた人あたりと親交はいっぱいありますが。私自身は、どちらかといえば、けっこう、いろんな方面の人と付き合いはあるほうではあるので。まあ、これ（本霊言）を宗教書にしないためには、やっぱり踏みとどまったほうがいいんではないか、と。

13 マスコミは「大川隆法」をどう見ているか

今、ジャーナリストの八割は、大川隆法に唖然としている!?

綾織　お話をお伺いしていると、「大川総裁に神の声が降りてきている」とか……。

後藤謙次守護霊　うん。それは、そうなんじゃないの。

綾織　意外に、宗教的なところも理解がおありなのかなと思うんですけれども。

後藤謙次守護霊　今、（ジャーナリストの）だいたい八割ぐらいはそう思ってますよ（笑）。

綾織　あっ、はい。

後藤謙次守護霊　まあ、「週刊新潮」の一部ぐらいは、ちょっと、飯を食うためにやってるぐらいで。ほとんど、みんな「そうだ」と思ってますよ。「神様かどうか知らんけど、神様か、神様の化身か代理人か何かだろう」と、ジャーナリストも、みんな思ってますよ、ほとんど八割ぐらいは。

綾織　はい。

後藤謙次守護霊　だから、（幸福の科学は）ある意味では、ジャーナリストも〝おまんま食い上げ〟になる可能性があるぐらい、怖い〝剛速球〟を投げ込んでくるし。八月に東京ドームで（講演「人類の選択」を）おやりになったけど、あれで別に叩かれもしてないじゃないですか。すごいですよ。すごいことですよ。

綾織　では、普通は叩かれるわけですね。

後藤謙次守護霊　新興宗教が東京ドームでね、あれだけ、「政治的な発言」も含めて言って……。

2017年8月2日、22年ぶりに東京ドームで特別大講演会「人類の選択」を開催。

「国際情勢」とか「政治情勢」とかも含め、「経済」についても言ったりして、何にも叩かれないんですから。

綾織　マスコミのカメラが、全部入っていたわけですからね。

後藤謙次守護霊　ええ。もう、唖然としてる状況でしょう。

綾織　はい。

後藤謙次守護霊　だから、唖然としてるんだから、これはもう、どういうことかっていうと、「ああー、神様が降臨してるのかなあ」とボーッとしてる。けれども、判断基準が、社是にまったくないんですよ。

綾織　社是にはないですね（笑）。

後藤謙次守護霊　社是にないんですよ、まったく。社則にも何にもないんですよ。だから、どうしたらいいかは分からないんですよ。みんな観ても、「ボーッ」、「ハアー」、「ホオー！」ってなるけれども。

まあ、あなたがたがマスコミを根本的に動かしたいと思ったら、やっぱり、活動する信者をもっと増やすなり、大川先生の話を聞く人とか本を読む人とかの裾野を広げて、マスコミ並みの影響力を出すしか、基本的にはないんじゃないですかねえ。

「小池さんごときが、ちょっとテレビで記者会見しただけで新党ができる」みたいな安直な感じだから。都知事として、何も成果があがってないのに、もう、それで国政まで手を出して、「あわよくば総理大臣か」なんていうの？　まあ、知事一年ぐらいでねえ。

あなたがたの言うとおり、（築地市場の）豊洲移転を止めて毒性を調べてたら、築地も出てきたんで何も言えなくなって、「両方開発することにする」なんて。まあ、これは、もう経営者としても駄目なんじゃないですか、こんなのは。そう思うね。

日本が大国から凋落するかどうか、今、瀬戸際に来ている

釈　今、日本は、物言わぬ国で、世界に対する発信がまったくない国になってしまっています。
そのため、「（大川隆法）総裁の言葉を世界に」ということで、私たちは、みな頑張っているところではありますが、ジャーナリズムのほうも、やはり、日本か

ら世界に発信できる時代にしていかなければならないと思います。そういう意味で、未来に向けてイノベーションしていくべきポイントはございますか。

後藤謙次守護霊　やっぱり（日本は）島国だよね。「島国根性」っていうか、「何とか、日本の国内だけうまくいけばいい」っていうところが、だいぶあるので。国際情勢なんかを全部鳥瞰して判断できるところまでは、認識力がないわねえ。それは悲しいけど、そういうところがあるし。

今、「大国から凋落していくかどうかの瀬戸際」だろうから。北朝鮮なんかが核大国になって、これに〝ひれ伏す〟ようになったら、もはや国際的なリーダーとしての日本の立場はほとんどない状態にはなるからね。

そういう意味では、あなたがたが言ってることは、「基本的に、未来を指し示してはいる」んじゃないの？　それを、そのまま受け取るか、影響を受けるかたちで自分らで何かをやるか。いろいろあるとは思うけど。

ニューメディア系の発展と同時に、宗教のほうの大きなイノベーションが、今、起きているもんだと思ってる。

もし、これがね、本当に、あなたがたが言ってるような「世界的宗教になるもと」になって、影響力が出てくるものだったら、それは、われわれも早いうちに内容を知らなきゃいけない。

例えば、大本教とか天理教あたりの「お立て直し」レベルのものだったら、そんなに、ずっと乗っちゃいけないし、国内レベルで終わるので、「もうちょっと大きくなりそうかどうか」のところを、今、ギリギリ見極めてるような。横綱審議会が、「うーん、どうする！　上げるか上げないか」と言ってるようなね。

綾織　やはり、そのあたりは、東京ドームでの御法話を観ていただければ、「全然レベルが違う」ということは分かると思います。

後藤謙次守護霊　うーん……。だから、本当は、「あなたがたの東京ドームでやってるものを、テレ朝なり、日テレ（日本テレビ）なり、TBSなりで、もうみんな流してしまえば終わりだ」っていうところでしょう？　そしたら、もう何千万人が聴いて、動くんだろうけどな。

だけど、〝もう一つの意見〟もあるんだよ。「流すと政治家がかわいそうだ」っていう意見もあるんだよ。「政治家のあまりのレベルの低さに、もう、みんながっかりしてしまうだろう」ということで、「民主主義制度が崩壊するんじゃないか」っていう言い方、見方をする人もいる。

綾織　新しい民主主義に生まれ変わると思います。

後藤謙次守護霊　だから、〝穿った見方〟ではあるけど、政治家の演説が全然大したことないのは、もう、われわれはよく知ってるから（笑）。〝官僚作文〟を読んでるだけなのでね。だから、その意味ではすごいけど、味方をもう一段増やすしかないので。今は、はっきりと、「弟子の時代」「弟子たちが組織力をつくれるかどうかの時代」に入ってると思うんだよ。

公明党と共産党を実力で抜かないと……

後藤謙次守護霊　大川総裁が偉いのは、みんなある程度分かってるんですよ。だけど、一人の思想家に、ちょっと毛が生えたぐらいで周りに弟子がついてる、「孔子様が弟子三千人」とか言ってるレベルの感じの動き方でついてる人がいるぐらいなのか。それとも、本当に革命が起こせるような勢力になっていくのか。

そのへんを見てるところなんで。
弟子の組織化のレベルで、創価学会をかっちりと抜いてしまうところまでやれば、そらあ、この世でちゃんとしたポジションが、もうちょっと取れるだろうね。
いや、それをやらないと。やっぱり、共産党とか創価学会とかに負けてるうちは駄目なんじゃないかなあ。これは、あなたがたの仕事だと思う。それは、たぶん、総裁の仕事じゃないわ。

釈　今、地方選等では、非常ににじり寄ってきていますので、そうした戦いをコツコツと進めてまいります。

後藤謙次守護霊　もう、百歳でも、あなたは、その姿のままで頑張れば……。

釈　いや、いや（苦笑）。

後藤謙次守護霊　もうすでに、何かの実績はできてると思いますよ。

釈　若い世代も頑張ってきていますので。

後藤謙次守護霊　私たちだって、もう報道したくないわけじゃないんだけども、一般（いっぱん）的にパッと流すと……、まあ、「YouTube（ユーチューブ）」的なものではないので。やっぱり、ＣＭの会社とかが、いっぱいついてるからね。それから、いろいろクレームが来たりもするし、視聴者（しちょうしゃ）からいろいろ意見が来たりすると、ちょっと用心するところがあるので。マスコミは、みなどこも、けっこう臆病（おくびょう）で、保守的なところがあるんだよねえ。

でも、これは、もう実力でやるしかないんじゃないかなあ。
あと、宗教自体も「メディア」だからね。もう間違いなくメディアなので、昔から。昔からそうだから。宗教の機関誌とか、月刊誌みたいなのはメディアなので、一種の。これを増やしていく。
だから、あなたね、「ザ・リバティ」が、もう三百万部出るだけでも、それはかなりの力になりますよ。

綾織　頑張ります。

後藤謙次守護霊　エへへへへ（笑）。

綾織　はい。本日は、長時間にわたりまして、ありがとうございます。

後藤謙次守護霊　あっ、もう切り上げたくなった？（会場笑）

綾織　（笑）

釈　本当にありがとうございました。

後藤謙次守護霊　うん、うん。まあ、頑張ってください。

綾織　はい。

幸福の科学へのマスコミの攻撃が比較的少ないのは

後藤謙次守護霊　あなたがたがね、「報道ステーション」なんかに出られるような時代が来ることを、私も心待ちにしています。「小池百合子さんと話すよりは、あなたと話したほうが面白そうだな」と思ったりもするんだけども。

釈　本当にありがとうございます。

後藤謙次守護霊　もう（小池さんは）手の内が、だいたい分かってしまっているからね。

綾織　はい。ぜひ党首を呼ばざるをえない状況をつくり出していきます。

後藤謙次守護霊　何か、つくってほしいねえ。

綾織　はい。

後藤謙次守護霊　いや、こちらも待ってるんだよ、何かつくってくれないかなあ、と。

綾織　なるほど。分かりました。

後藤謙次守護霊　だから、何か「芸」をね、次から次へと繰り出してくれないと。

綾織　はい。

後藤謙次守護霊　「トレンド」はねえ、やっぱり、みんな何か〝仕掛けて〟いくんだよ、いろんなところから。仕掛けていって、報道せざるをえなくなる。

綾織　なるほど。

後藤謙次守護霊　もう、上野のパンダの香香に、完全に負けてますからね。パンダは、生まれただけでいいわけですから。「三カ月になった」とか、「体重が何キロになった」とか、育っただけでいいわけですから。いや、それはねえ、やっぱり、何か、〝時代の仕掛け人〟として、もう一努力はしてもらわないといけないんじゃないですかねえ。

私たちは、基本的にタダで流すからね。報道するもんだから。出てしまえばプラスになるので。だから、その意味での審査っていうのは、自分たちで、ある程度自制するものがあるので、まあ、頑張ってくださいよ。

綾織　はい。ありがとうございます。頑張ってまいります。

後藤謙次守護霊　私は、そんなに偏見を持ってるわけでは……。少なくとも私は、持っていないので。

それで、あれでしょ？　マスコミの攻撃としては、比較的少ないと思うんですけどね。新潮あたりが、いやらしいことをたまに書くけど。

綾織　そうですね。

後藤謙次守護霊　でも、それでも、本質的なものはあんまりないよね。揚(あ)げ足取りみたいなところばっかりで。ちゃんと、「言ってることがおかしい」みたいな、そんなところは、ほとんどないもんね。書けないんでしょ？　創価学会に対して、あれだけ悪口をいっぱい書いてきたところが書けないでいるんだから、そうとうなものですよ。

いやあ、だから、（あなたがたは）「ある意味で、メディアの一角(いっかく)だと認識されているところもあるんだ」ということだね。

綾織　はい。本日は、まことにありがとうございました。

釈　ありがとうございました。

14 信頼感のある後藤謙次氏に、言論のよい方向づけを期待したい

大川隆法　（手を一回叩く）こういうことでした。

非常に温厚でニュートラル（中立）な方なのではないでしょうか。非常に信頼感のある方ではあると思うので、よい方向に言論を導いてくだされればありがたいと思います。

朝日系には、「（世論を）引っ繰り返して左翼に持っていくパターン」がけっこう多いので、「もう少ししっかりとした分析をしてほしい」と思っています。

われわれ（幸福実現党）にとって、（国政選挙での）玉砕記録が続いています

が、しかたがありません。

まあ、しょせん記録です。将棋の（藤井聡太四段の）二十九連勝、横綱（白鵬）の千五十勝、イチロー選手の安打記録などと同じようなものです。

最近、「百メートル走」で十秒を切った日本人もいますが、こちらも戦い続けていくしかありません。〝玉砕記録〟を更新しつつ、それでも少しでも前に進めていく努力をせざるをえないでしょう。

でも、キリスト教が日本で政党をつくろうとしても、できないんですからね。

まあ、粘りどころですね。

釈　頑張ります。

大川隆法　「十年以内に成果をあげること」を一つの目標にして……。

釈　もっと早く成果をあげてまいります。

大川隆法　「十年以内」といっても、今は、「(二〇〇九年の立党から) すでに八年が終わっている」という段階です。十年以内には一定の成果をあげることを目標にしてください。

綾織　今日は、マスコミの良心的な見方についても、非常によく分かりました。

大川隆法　(今回の霊言(れいげん)を本にして) 出したら、読む人は読むでしょう。それでは、ありがとうございました。

質問者一同　ありがとうございました。

あとがき

民主主義とは、なかなかやっかいな制度である。国民は、知る権利を保障されないと投票行動を起こせない弱点がある。

それゆえ、憲法上明記されていない「巨大マスコミ権力」が発生し、もう一つ別の「裏国会」をつくっている。しかもマスコミは、ある種の「集合想念（そうねん）」であるため、その顔が見えない。週刊誌などでは、闇討（やみう）ち専門のところもある。せめて、テレビなどで顔を見せている代表的ジャーナリストの本音を知りたい方は多かろう。本書はその民意に応（こた）える試（こころ）みの一つである。

今回の解散・総選挙の裏にある、日本的政治特性を多くの人々に知ってもらいたいと願っている。

そして幸福実現党という、清潔で勇断できる政党が、「いま、ここに」あることを知ってもらいたいと考える。

二〇一七年　九月二十七日

幸福の科学グループ創始者兼総裁
幸福実現党創立者兼総裁
大川隆法

大川隆法著作関連書籍

『「報道ステーション」コメンテーター 後藤謙次 守護霊インタビュー 政局を読む』

『世界を導く日本の正義』（幸福の科学出版刊）

『自分の国は自分で守れ』（同右）

『緊急守護霊インタビュー 金正恩 vs. ドナルド・トランプ』（同右）

『戦後保守言論界のリーダー 清水幾太郎の新霊言』（同右）

『現代ジャーナリズム論批判
——伝説の名コラムニスト深代惇郎は天の声をどう人に語るか——』（同右）

『筑紫哲也の大回心』（幸福実現党刊）

「報道ステーション」コメンテーター
後藤謙次 守護霊インタビュー　政局を読む

2017年9月28日　初版第1刷

著　者　大川隆法

発行所　幸福の科学出版株式会社
〒107-0052 東京都港区赤坂2丁目10番14号
TEL(03)5573-7700
http://www.irhpress.co.jp/

印刷・製本　株式会社 研文社

落丁・乱丁本はおとりかえいたします

ISBN978-4-86395-944-6 C0030
カバー写真：時事／AFP＝時事／EPA＝時事／朝鮮通信＝時事
本文写真：朝日新聞社／時事通信フォト／AFP＝時事／時事

大川隆法 霊言シリーズ・マスコミのあり方を検証する

池上彰の政界万華鏡

幸福実現党の生き筋とは

どうする日本政治？ 憲法改正、原発稼働、アベノミクス、消費税増税……。人気ジャーナリストの守護霊が、分かりやすく解説する。

1,400円

筑紫哲也の大回心

天国からの緊急メッセージ

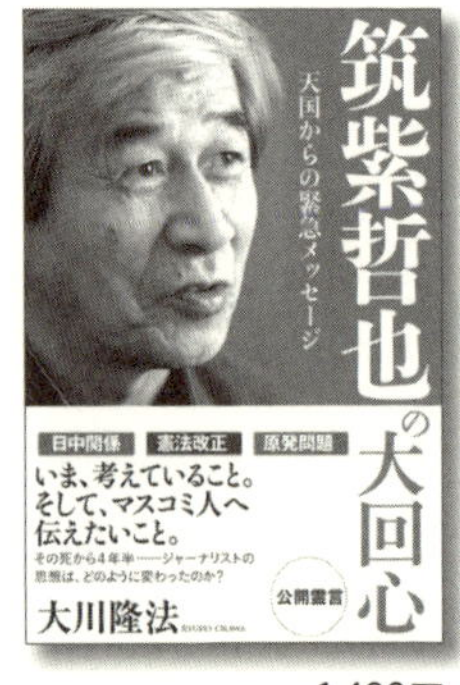

筑紫哲也氏は、死後、あの世で大回心を遂げていた!? TBSで活躍した人気キャスターが、今、マスコミ人の良心にかけて訴える。【幸福実現党刊】

1,400円

現代ジャーナリズム論批判

伝説の名コラムニスト深代惇郎（ふかしろじゅんろう）は天の声をどう人に語るか

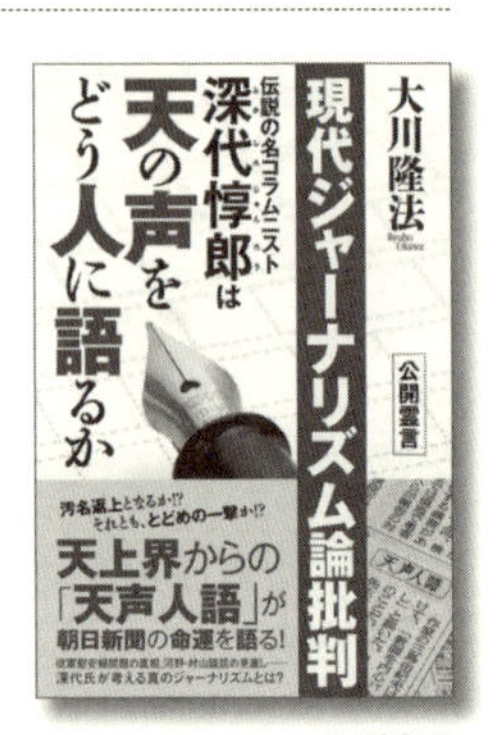

従軍慰安婦、吉田調書……、朝日の誤報問題をどう見るべきか。「天声人語」の名執筆者・深代惇郎の霊が、マスコミのあり方を鋭く斬る！

1,400円

※表示価格は本体価格（税別）です。

大川隆法 霊言シリーズ・日本の政治家の本心

自称〝元首〟の本心に迫る
安倍首相の守護霊霊言

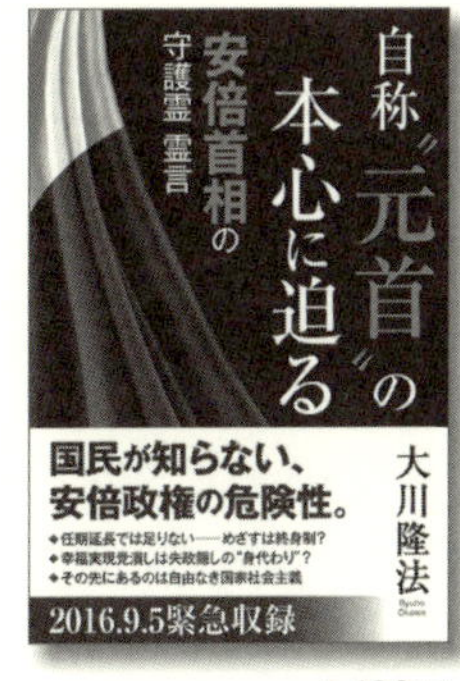

幸福実現党潰しは、アベノミクスの失速隠しと、先の参院選や都知事選への恨みか? 国民が知らない安倍首相の本音を守護霊が包み隠さず語った。

1,400円

二階俊博自民党幹事長の守護霊霊言
〝親中派〟幹事長が誕生した理由

自民党のNo.2は、国の未来よりも安倍政権の「延命」のほうが大事なのか? ウナギやナマズのようにつかまえどころのない幹事長の本音に迫る。【幸福実現党刊】

1,400円

小池百合子 実力の秘密

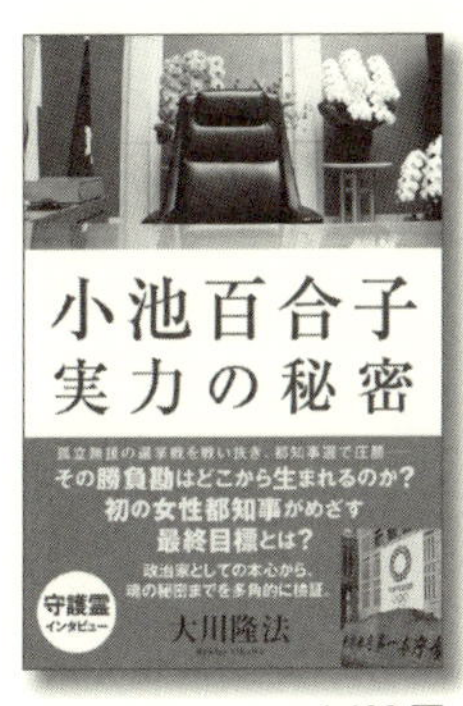

孤立無援で都知事選を戦い抜き、圧勝した小池百合子氏。マスコミ報道では見えてこない政治家としての本心から、魂の秘密までを多角的に検証。

1,400 円

幸福の科学出版

大川隆法 霊言シリーズ・安倍政権の是非を問う

日本をもう一度ブッ壊す
小泉純一郎元総理
守護霊メッセージ

「ワン・フレーズ・ポリティクス」「劇場型」の小泉政治と、「アベノミクス」「安倍外交」を比較するとき、現代の日本政治の問題点が浮き彫りになる。【幸福実現党刊】

1,400円

橋本龍太郎元総理の霊言
戦後政治の検証と安倍総理への直言

長期不況を招いた90年代の「バブル潰し」と「消費増税」を再検証するとともに、マスコミを利用して国民を欺く安倍政権を"橋龍"が一刀両断!

1,400円

天才の復活
田中角栄の霊言

田中角栄ブームが起きるなか、ついに本人が霊言で登場! 景気回復や社会保障問題など、日本を立て直す「21世紀版 日本列島改造論」を語る。【HS政経塾刊】

1,400円

※表示価格は本体価格（税別）です。

大川隆法 霊言シリーズ・保守言論人に訊く

戦後保守言論界のリーダー 清水幾太郎の新霊言

核開発を進める北朝鮮、覇権拡大を目論む中国、弱体化するトランプ政権――。国家存亡の危機に瀕する日本が取るべき「選択」とは何か。

1,400円

渡部昇一 日本への申し送り事項
死後 21 時間、復活のメッセージ

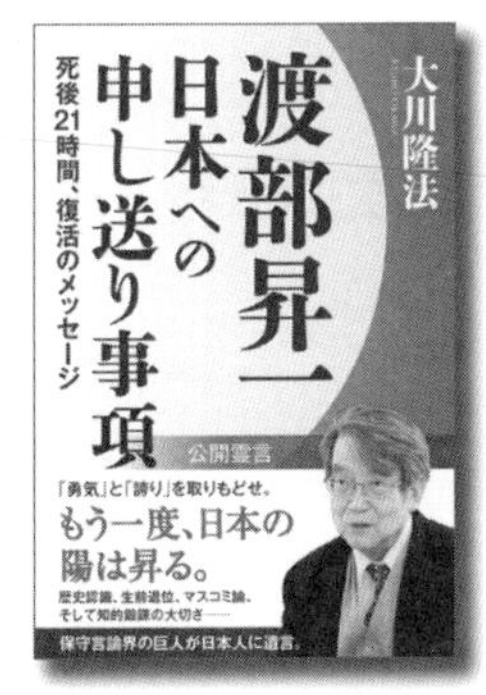

「知的生活」の伝道師として、また「日本の誇りを取り戻せ」運動の旗手として活躍してきた「保守言論界の巨人」が、日本人に託した遺言。

1,400円

なぜ私は戦い続けられるのか
櫻井よしこの守護霊インタビュー

「日本が嫌いならば、日本人であることを捨てなさい！」日本を代表する保守論客の守護霊が語る愛国の精神と警世の熱き思い。

1,400円

幸福の科学出版

大川隆法ベストセラーズ・日本の取るべき道を示す

自分の国は自分で守れ

「戦後政治」の終わり、「新しい政治」の幕開け

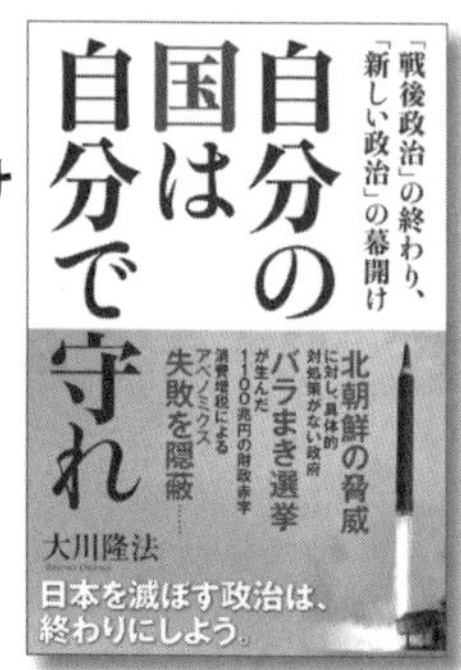

北朝鮮の核開発による国防危機、1100兆円の財政赤字、アベノミクスの失敗……。嘘と国内的打算の政治によって混迷を極める日本への最新政治提言！

1,500円

永遠なるものを求めて

人生の意味とは、国家の理想とは

北朝鮮のミサイルに対し何もできない"平和ボケ日本"にNO！人間としての基本的な生き方から、指導者のあり方、国家のあり方までを最新提言。

1,500円

繁栄への決断

「トランプ革命」と日本の「新しい選択」

TPP、対中戦略、ロシア外交、EU危機……。「トランプ革命」によって激変する世界情勢のなか、日本の繁栄を実現する「新しい選択」とは?

1,500円

※表示価格は本体価格（税別）です。

大川隆法シリーズ・最新刊

老いて朽ちず

知的で健康なエイジレス生活のすすめ

いくつになっても知的に。年を重ねるたびに健やかに──。著者自身が実践している「知的鍛錬」や「生活習慣」など、生涯現役の秘訣を伝授！

1,500円

マルコム X の霊言

すべての人が愛し合える「新しいアメリカ」をつくれ──。黒人解放運動の指導者が、人種差別や宗教対立のない「平和な社会」への願いを語る。

1,400円

インパール作戦の真実 牟田口廉也司令官の霊言

なぜ、日本軍は無謀な戦いに挑んだのか？ 大東亜戦争最大の秘密の一つである「インパール作戦」の真相に肉薄した、牟田口司令官の新証言。

1,400円

※表示価格は本体価格（税別）です。

幸福の科学グループのご案内

宗教、教育、政治、出版などの活動を通じて、地球的ユートピアの実現を目指しています。

幸福の科学

一九八六年に立宗。信仰の対象は、地球系霊団の最高大霊、主エル・カンターレ。世界百カ国以上の国々に信者を持ち、全人類救済という尊い使命のもと、信者は、「愛」と「悟り」と「ユートピア建設」の教えの実践、伝道に励んでいます。

（二〇一七年九月現在）

愛

幸福の科学の「愛」とは、与える愛です。これは、仏教の慈悲（じひ）や布施（ふせ）の精神と同じことです。信者は、仏法真理をお伝えすることを通して、多くの方に幸福な人生を送っていただくための活動に励んでいます。

悟り

「悟り」とは、自らが仏の子であることを知るということです。教学（きょうがく）や精神統一によって心を磨き、智慧（ちえ）を得て悩みを解決すると共に、天使・菩薩（ぼさつ）の境地を目指し、より多くの人を救える力を身につけていきます。

ユートピア建設

私たち人間は、地上に理想世界を建設するという尊い使命を持って生まれてきています。社会の悪を押しとどめ、善を推し進めるために、信者はさまざまな活動に積極的に参加しています。

国内外の世界で貧困や災害、心の病で苦しんでいる人々に対しては、現地メンバーや支援団体と連携して、物心両面にわたり、あらゆる手段で手を差し伸べています。

年間約３万人の自殺者を減らすため、全国各地で街頭キャンペーンを展開しています。

公式サイト **www.withyou-hs.net**

ヘレン・ケラーを理想として活動する、ハンディキャップを持つ方とボランティアの会です。視聴覚障害者、肢体不自由な方々に仏法真理を学んでいただくための、さまざまなサポートをしています。

公式サイト **www.helen-hs.net**

入会のご案内

幸福の科学では、大川隆法総裁が説く仏法真理をもとに、「どうすれば幸福になれるのか、また、他の人を幸福にできるのか」を学び、実践しています。

仏法真理を学んでみたい方へ

大川隆法総裁の教えを信じ、学ぼうとする方なら、どなたでも入会できます。入会された方には、『入会版「正心法語」』が授与されます。

信仰をさらに深めたい方へ

仏弟子としてさらに信仰を深めたい方は、仏・法・僧の三宝への帰依を誓う「三帰誓願式」を受けることができます。三帰誓願者には、『仏説・正心法語』『祈願文①』『祈願文②』『エル・カンターレへの祈り』が授与されます。

幸福の科学 サービスセンター
TEL 03-5793-1727 （受付時間／火～金：10～20時 土・日祝：10～18時）

幸福の科学 公式サイト
happy-science.jp

ハッピー・サイエンス・ユニバーシティ
Happy Science University

教育

ハッピー・サイエンス・ユニバーシティとは

ハッピー・サイエンス・ユニバーシティ(HSU)は、大川隆法総裁が設立された「現代の松下村塾」であり、「日本発の本格私学」です。
建学の精神として「幸福の探究と新文明の創造」を掲げ、
チャレンジ精神にあふれ、新時代を切り拓く人材の輩出を目指します。

学部のご案内

人間幸福学部

人間学を学び、新時代を切り拓くリーダーとなる

経営成功学部

企業や国家の繁栄を実現する、起業家精神あふれる人材となる

未来産業学部

新文明の源流を創造するチャレンジャーとなる

HSU長生キャンパス
〒299-4325
千葉県長生郡長生村一松丙 4427-1
TEL **0475-32-7770**

未来創造学部

時代を変え、未来を創る主役となる

政治家やジャーナリスト、ライター、俳優・タレントなどのスター、映画監督・脚本家などのクリエーター人材を育てます。4年制と短期特進課程があります。

・4年制
1年次は長生キャンパスで授業を行い、2年次以降は東京キャンパスで授業を行います。

・短期特進課程(2年制)
1年次・2年次ともに東京キャンパスで授業を行います。

HSU未来創造・東京キャンパス
〒136-0076
東京都江東区南砂2-6-5
TEL **03-3699-7707**

学校法人 幸福の科学学園

学校法人 幸福の科学学園は、幸福の科学の教育理念のもとにつくられた教育機関です。人間にとって最も大切な宗教教育の導入を通じて精神性を高めながら、ユートピア建設に貢献する人材輩出を目指しています。

幸福の科学学園

中学校・高等学校（那須本校）
2010年4月開校・栃木県那須郡（男女共学・全寮制）
TEL **0287-75-7777**
公式サイト **happy-science.ac.jp**

関西中学校・高等学校（関西校）
2013年4月開校・滋賀県大津市（男女共学・寮及び通学）
TEL **077-573-7774**
公式サイト **kansai.happy-science.ac.jp**

仏法真理塾「サクセスNo.1」 TEL **03-5750-0747**（東京本校）
小・中・高校生が、信仰教育を基礎にしながら、「勉強も『心の修行』」と考えて学んでいます。

不登校児支援スクール「ネバー・マインド」 TEL **03-5750-1741**
心の面からのアプローチを重視して、不登校の子供たちを支援しています。
また、障害児支援の「**ユー・アー・エンゼル!」運動**も行っています。

エンゼルプランV TEL **03-5750-0757**
幼少時からの心の教育を大切にして、信仰をベースにした幼児教育を行っています。

シニア・プラン21 TEL **03-6384-0778**
希望に満ちた生涯現役人生のために、年齢を問わず、多くの方が学んでいます。

NPO活動支援

学校からのいじめ追放を目指し、さまざまな社会提言をしています。また、各地でのシンポジウムや学校への啓発ポスター掲示等に取り組む一般財団法人「いじめから子供を守ろうネットワーク」を支援しています。

ブログ **blog.mamoro.org**
公式サイト **mamoro.org**
相談窓口 **TEL.03-5719-2170**

幸福実現党

内憂外患の国難に立ち向かうべく、2009年5月に幸福実現党を立党しました。創立者である大川隆法党総裁の精神的指導のもと、宗教だけでは解決できない問題に取り組み、幸福を具体化するための力になっています。

幸福実現党 釈量子サイト
shaku-ryoko.net

Twitter
釈量子@shakuryoko
で検索

党の機関紙
「幸福実現NEWS」

幸福実現党　党員募集中

あなたも幸福を実現する政治に参画しませんか。

○ 幸福実現党の理念と綱領、政策に賛同する18歳以上の方なら、どなたでも参加いただけます。
○ 党費：正党員（年額5千円［学生 年額2千円］）、特別党員（年額10万円以上）、家族党員（年額2千円）
○ 党員資格は党費を入金された日から1年間です。
○ 正党員、特別党員の皆様には機関紙「幸福実現NEWS（党員版）」が送付されます。

＊申込書は、下記、幸福実現党公式サイトでダウンロードできます。
住所：〒107-0052　東京都港区赤坂2-10-8 6階 幸福実現党本部
TEL **03-6441-0754**　FAX **03-6441-0764**
公式サイト **hr-party.jp**　若者向け政治サイト **truthyouth.jp**

出版メディア事業

幸福の科学出版

大川隆法総裁の仏法真理の書を中心に、ビジネス、自己啓発、小説など、さまざまなジャンルの書籍・雑誌を出版しています。 他にも、映画事業、文学・学術発展のための振興事業、テレビ・ラジオ番組の提供など、幸福の科学文化を広げる事業を行っています。

アー・ユー・ハッピー?
are-you-happy.com

ザ・リバティ
the-liberty.com

幸福の科学出版
TEL **03-5573-7700**
公式サイト **irhpress.co.jp**

THE FACT

ザ・ファクト
マスコミが報道しない「事実」を世界に伝えるネット・オピニオン番組

Youtubeにて随時好評配信中!

ザ・ファクト 検索

芸能文化事業

ニュースター・プロダクション

「新時代の"美しさ"」を創造する芸能プロダクションです。2016年3月に映画「天使に"アイム・ファイン"」を、2017年5月には映画「君のまなざし」を公開しています。

公式サイト **newstarpro.co.jp**

ARI Production

ARI（アリ） Production（プロダクション）

タレント一人ひとりの個性や魅力を引き出し、「新時代を創造するエンターテインメント」をコンセプトに、世の中に精神的価値のある作品を提供していく芸能プロダクションです。

公式サイト **aripro.co.jp**

大川隆法　講演会のご案内

大川隆法総裁の講演会が全国各地で開催されています。
講演のなかでは、毎回、「世界教師」としての立場から、幸福な人生を生きるための心の教えをはじめ、世界各地で起きている宗教対立、紛争、国際政治や経済といった時事問題に対する指針など、日本と世界がさらなる繁栄の未来を実現するための道筋が示されています。

8月2日 東京ドーム「人類の選択」

5月14日 ロームシアター京都「永遠なるものを求めて」

4月23日 高知県立県民体育館「人生を深く生きる」

2月11日 大分別府ビーコンプラザ・コンベンションホール「信じる力」

1月9日 パシフィコ横浜「未来への扉」